넌, 아름다운 나비야!

첫 수업에 흥얼대고 하는 제5의 이야기

넌 아름다운 나비야

2014년 3월 31일 제1판 제1쇄 인쇄
2014년 12월 29일 제1판 제3쇄 발행

지은이   강병철, 강봉구, 김상배, 김수현, 김영호, 김현식, 김흔정,
　　　　박미옥, 박일환, 정수희, 조경선, 최교진, 최성수
펴낸이   강봉구

편집   김희주
마케팅   윤태성
디자인   비단길
인쇄제본   (주)아이엠피

펴낸곳   작은숲출판사
등록번호   제406-2013-000081호
주소   413-170 경기도 파주시 신촌로 21-30(신촌동)
전화   070-4067-8560
팩스   0505-499-8560

홈페이지   http://cafe.daum.net/littlef2010
페이스북   http://www.facebook.com/littlef2010
이메일   littlef2010@daum.net

©강병철, 강봉구, 김상배, 김수현, 김영호, 김현식, 김흔정, 박미옥, 박일환, 정수희,
조경선, 최교진, 최성수

ISBN 978-89-97581-35-1 43040
값은 뒤표지에 있습니다.

대한민국 희망수업 2교시

첫 수업에 들려주고 싶은 제자 이야기

넌 아름다운 나비야!

강병철 외 지음

작은숲

사람이 사람을 견디게 한다

1

4월, '머리맡에 씨앗을 두고 자는 달'의 시험 기간 중이다.

그간의 수학(修學)을 검증하기 위한 눈빛들이 옹기종기 모여 있는 오두막 교실 풍경이다. 백인 초임 교사는 커닝을 못 하도록 관성대로 자리를 멀찌감치 떨어뜨려 놓았는데 잠시 후 아이들이 둥근 상에 모여 이맛살을 맞대고 있는 것이다.

"뭐하는 거야?"

백인 교사가 깜짝 놀라 제지하자 눈동자를 해맑게 반짝이며.

"할아버지께서 어려운 문제를 해결할 때는 함께 지혜를 모으라고 말씀하셨거든요."

시험이 경쟁이면 벗들이 적군으로 돌변하지만 함께 소통하면 사유를 공유하는 동반자가 된다. 그렇다. 올바른 가르침은 사람을 섬기는 법을

배우고, 그릇된 가르침은 인간을 부리는 데 쓰인다. 그 당연한 명제가 관념이 되는 것은 이상과 현실의 간극이다.

젊은 날 가슴에 담았던 스승의 미래상은 그런 낭만적 감성도 포함되었던 것 같다. 후미진 구석의 저무는 햇살이 배경이고, 아이들에게 옛날얘기 해 주는 할아버지가 되어 파안대소하는 운동장 풍경이 그 주제다. 석양이 붉게 비춰 주는 놀이터에서 행여 다칠세라 사금파리나 유리 조각을 골라내던 고리끼의 영상이 겹치기도 했다. 경찰관이 수상한 눈빛으로 '당신, 누구요?' 하고 다가오면 아이들을 데리고 오그르르 피하면서.

"얘들아, 순경 아저씨 무섭다. 우리끼리 몰래 이쪽에서 놀자."

킥킥대던 러시아의 대문호 얼굴을 표상으로 세웠었다. 청소년들이란게 그렇듯 '견딜 만한 아픔만 먹고 자라는 나무들'인 줄 알았으므로 질풍노도의 일탈도 그리 걱정하지 않던 즈음이다.

2

벗들끼리 월급을 모아서 학교를 세우겠다는 상상의 나래로 포만감에 젖었었다. 목로집 어디쯤이었을까. 탁배기 한 사발로 얼큰한 표정이 되어 분필밥 먹는 동창생들을 하나씩 지목하면서.

"칭구는 게으르되 카리스마가 있으니 교장이 되어라."

"니는 착한 평교사 체질이니 만년 국어 교사로 남자구."

그리고 나는 운동장 청소하는 할아버지가 되어 채마밭 가꾸고 싶다고, 부푼 희망 겁도 없이 터뜨리면 풀꽃들이 일제히 노랗고 빨갛게 피어올랐다. 봄이면 상추와 쑥갓을 가꾸고 늦여름에 호박 덩굴 지지대도 세워 튼실한 열매들 하나씩 동료들의 책상 위에 올려놔 주는 꿈은 그냥 꿈만으로도 아름다웠지만.

시국은 최루탄 터지는 난세의 점철이었고.

세상은 만만치 않았다. 제도권은 끊임없이 길들임의 문서를 입력시켰고 스승들 역시 지치면서 조금씩 쇠하기 시작했다. 그랬다. 등 푸른 젊음이었던 스승들이 노여움을 다스리는 꽃다발이 되기 위해 이리저리 뛰어다니다 보니 눈이 침침해졌고, 등이 굽고, 머리카락에 서리가 내렸다. 세월의 흐름을 전혀 예측하지 못했으므로 몸의 부실도 지각하지 못했다. 시시포스처럼 바위를 올렸다가 떨어뜨리다 보면 언젠가 착한 울타리가 편안하게 펼쳐 있을 줄 알았을 뿐이다. 착각이었고 당연히 신산고초의 중첩이었다. 그나마 꽃 같은 제자들을 만나 서로 아픔을 나눈 게 가장 절박한 위안이었는데.

3

30여 년 전 젊은 날의 제자들이 초로의 이 순간에도 꿈나무로 남아 후

광을 비춰 주는 것이다. 때까치 같았던 첫 제자들은 어느새 수탉 같은 장년의 아낙이 되었고 더러는 근육질 튼실한 중년의 아저씨가 되어 중장비를 대어 주기도 한다. 아픈 가슴 식혀 주는 '누이 같은 꽃'이나 최루탄을 함께 맞던 '결 곧은 동지꽃'들이 그렇듯 긴 세월 행보를 지켜 주었다.

더러는 아이들에게 상처를 주고 내가 먼저 가슴을 치며 꺼이꺼이 울기도 했다. 빨갛게 덧칠된 페인트를 벗겨 내기 위해 눈알을 시큰시큰 비벼대던 그런 날이다. 가슴 골 깊은 병이 든 제자가 벼랑 끝에 서 있는 게 보였던가 보다. 한 각도만 빗나가면 영원히 추락할 것 같아 '버럭' 소리 지른 게 영원히 거미줄로 남아 얼굴을 덮는다.

이 책은 기쁨과 슬픔의 세월을 보낸 스승이 꺼내 놓은 제자 이야기를 모은 글이다. 한 평생 교단에만 서 있던 딸깍발이 서생의 글도 있고, 교단

밖 스승의 드라마틱한 글도 있다. 그 원고를 독촉하고 정리하면서 놀람과 감동으로 수도 없이 눈물을 쏟았음을 고백한다. 동시에 이 땅의 깨어 있는 영혼 모두가 이 글들을 읽고 행복한 울타리를 공유하는 꿈을 간절히 바래보기도 했다. 시대의 아픔이 교사의 보람이 될 수 있어야 한다. 그것이 사람이 사람을 견디게 하는 힘이 되는 것이다. 제자들을 섬기는 착한 스승들이 있어서 아직도 세상의 희망을 노래할 수 있는 것 같다.

강병철(대산고등학교)

우리 대장 혜영이

최교진

그의 눈빛은 소년처럼 초롱초롱하다. 젊은 날 〈삶의 문학〉에 생활극을 발표할 때 친구들은 그의 아름다운 문장에 외경의 눈빛을 보내기도 했다. 사범대생 때부터 아이들을 하늘처럼 섬기고 싶었던 그의 교단 경력은 회갑이 지난 지금까지 달랑 9년뿐이다. 학교에서 세 번 쫓겨났고, 철창 속을 네 번 출입하는 시국의 풍파 탓이다. 30년 세월 내내 담벼락 바깥의 스승으로 사는 바람에 작가의 길도 가지 못했다. 그러나 흘러간 제자들과 그물망처럼 소통하며 신산고초를 나누는 그의 슬로건은 '행복한 아이들이 행복한 세상을 만든다.'는 것. 전교조 수석부위원장과 충남지부장을 여러 차례 역임했다. 가끔 그의 술도가니 그늘에 기대어 먼동이 틀 때까지 멍든 가슴 식히고 싶은 선생님이다.

대학 입학 10년 만인 1981년 사범대학을 졸업했다. 그리고 대천 여중에 첫 발령이 났다. 1학년이 12개 학급, 2~3학년은 11개 학급 인 매우 큰 학교였다. 1학년 2반 담임이 되었다. 우리 반 학생 수가 66명이었다. 햇병아리 교사 눈에 아이들은 한없이 예쁘기만 했다. 그러나 66명이 한꺼번에 보내는 눈짓이나 말소리를 감당할 재주 는 없었다. 나도 이 학급의 67번이라 선언하고 함께 어울려 떠들고 웃으며 지내는 수밖에 없었다. 학기 초 반장 선거를 했는데 태미가 반장이 되고 혜영이가 부반장이 되었다. 둘은 같은 초등학교를 다 닌 친구였고, 둘 다 키가 큰 편이어서 태미는 61번, 혜영이는 66번 마지막 번호였다. 입학 성적도 반에서 각각 1, 2등이었다. 학급 운 영은 6개의 모둠을 만들어 했다. 원래 있는 학습부, 미화부 하는 식

우리 대장 혜영이

의 부서 말고 모둠별 일꾼들을 더 뽑아 학급의 모든 일을 나누어 맡게 했다. 청소도 유리창 하나하나마다 담당자를 둬서 수시로 닦게 하는 식이었다.

아이들을 설득해서 4월부터 학급 신문을 만들기로 했다. 신문 이름은 '우리'로 정했다. 반장은 학급 일이 많으니 부반장인 혜영이에게 편집장을 맡으라고 했다. 신문 소식란에는 학교 행사 대신 반 친구들의 집이나 동네에서 일어난 소식을 찾아내 실으려 노력했다. 탄광에 다니는 누구 아버지가 다친 일, 누구네 소가 송아지를 낳은 일, 누구 동생이 태어난 일 등이 신문 기사가 되었다. 그리고 편지 쓰기나 글쓰기를 통해 걷은 친구들의 글 가운데에서 골라 신문에 실었다. 그렇게 만들어진 '우리'는 학급 신문이면서 학급 문집이었다.

물론 신문 편집부원도 여러 명이 함께 맡았다. 신문에 실을 글을 가려 뽑는 일도 최종 결정은 내가 하게 되는 때가 많았지만 편집부원이 모두 읽어 보고 난 뒤에 결정했다. 학급 신문을 함께 만들면서 모둠별 활동도 다양하게 진행할 수 있었다. 자기 모둠의 특색 있는 활동을 신문에 실어 자랑하려는 은근한 경쟁도 일어났다. 주말이면 모둠별로 작은 선물을 준비해 자매결연을 맺은 보령정심원(지적강애인 재활학교)에 찾아가 아이들과 함께 지내다 오는 일도 했다. 경찰의 날에는 파출소에 편지와 라면 몇 박스 등의 위문품을 전달하기도 했다.

넌 아름다운 나비야

어쨌든 신문이 우리 학급 전체를 살아 움직이게 했고, 기쁘거나 슬픈 소식을 함께 알고 위로하고 축하하며 정을 나누게 했다. 여름 방학이 끝난 뒤에는 방학 숙제로 걷은 글이 많아 특집으로 두껍게 만들기도 했다. 66명 가운데 신문에 글을 싣지 않은 사람이 한 사람도 없게 배려했다. 아직 글씨를 잘 읽지 못하는 주식이는 그림을 그리게 해서 신문에 실었다. 그러다 보니 학급은 신문을 중심으로 돌아가고 친구들이 혜영이를 대장이라고 부르게 되었다. 1학년을 마치면서 내가 수업을 한 다섯 반 친구들의 글을 모아 합동 문집을 만들기로 했다. '우리' 편집위원이 중심이 되고 다른 반인 영례, 경미, 연진이, 경은이, 기수, 은아가 함께했다. 그리고 그 모임에서도 다들 혜영이를 대장이라고 놀리듯 불렀다. 그때는 혜영이도 그렇게 부르는 것이 아주 싫지는 않아 보였다. 그 뒤 감당하기 어려운 엄청난 일을 '대장'이라는 이 별명 때문에 혼자 외롭게 지고 가야 할 것이라고는 꿈에도 생각하지 못했을 테니까.

우리의 뿌리
대표 혜영이

1983년, 아이들은 3학년이 되었고, 나는 3학년 11반 담임을 맡았다. 혜영이는 우리 반이 아니었지만 국어 수업을 하는 다섯 학급 가운데 혜영이네 반도 있었다. 내가 맡은 11반은 물론이고 다른 몇 학급에서도 학급 신문을 만들었다. 1학년을 마치며 합동 문집을 만드는 데 참여했던 은아, 경미, 혜영이네 학급이었다.

졸업을 앞두고 전체 졸업 문집을 만들기로 하여 겨울 방학 때 자주 모였다. 각 반을 대표해서 편집부를 구성하다 보니 1학년 합동 문집에 참여한 아이들에다가 태미가 합류했다. 친구들이 자연스럽게 편집장으로 혜영이를 추천했다. 졸업 문집을 만들기 위해 주로 학교에서 모였지만 가끔은 우리 집에서도 모였다. 모여서 해야 하는 아주 중요한 일은 글을 읽고 문집에 실을 원고를 고르는 것이었다. 함께 라면을 끓여 먹기도 하고, 끝없이 떠드느라 편집하는 일이 매우 더디기도 했다. 그래도 즐거웠다.

그러다가 은경이 이야기를 듣게 되었다. 은경이는 지난 가을에 가출했다가 거의 두 달 만에 돌아온 아이였다. 연극 대본을 만들기로 했다. 제목은 '왜? 어디로!' 방학 때라 배우를 따로 모집하기 어려웠으므로 문집을 만드는 편집부가 중심이 돼 졸업 기념 연극 공연도 준비하기로 했다. 나는 그 전해에도 3학년 11반을 맡았었는데, 학급 졸업 문집을 만들고, 유치진의 〈토막〉을 공연한 일이 있었다. 이번에는 우리들의 이야기를 우리가 직접 써서 연극으로 만들어 본다는 게 달랐다. 나중에 그 대본을 세상에 소개하며 '학교 생활극'이라고 이름을 붙여 보았다. 주인공 은경이 역할은 경미가 맡고, 엄마는 기수, 교장 선생님은 경은이…… 이런 식으로 배역을 정하면서 자연스럽게 혜영이가 총연출을 맡기로 했다.

졸업 문집을 필사해서 인쇄하고, 연극 공연 연습까지 해야 했으므로 겨울 방학 내내 우리는 함께 모여 바쁘게 지냈다. 이렇게 함께 지내며 문집을 만들고 연극을 준비하다 보니 서로 엄청나게 친해졌다. 2월 개학 직후부터 졸업식 전까지 3학년 각 교실을 순회하며 공연을 했는데(강당이 없었으므로 그럴 수밖에 없었다.) 아이들의 반응은 대단했다. 아마도 자기들 이야기라서 공감이 컸기 때문일 것이다. 교실마다 배우나 관객이 함께 끌어안고 펑펑 우는 일이 벌어졌다.

중학교 마지막 졸업 문집인 〈우리〉를 선물로 나눠 갖고, 졸업 기념 연극 공연까지 성공적으로 마친 후 정리 모임을 가졌다. 한편 뿌듯하고 자랑스럽기도 하고 무언가 아쉽고 허전하기도 한 기분이었다. 그래서 그랬을까? 그 자리에서 졸업한 뒤에도 모임을 계속하기로 하고, 그 이름을 '우리의 뿌리'로 정했다.

졸업 후 태미는 공주로, 영례, 은아, 연진이는 대전으로 고등학교를 가게 되었다. 서로 헤어지게 되었지만, '우리의 뿌리'인 고향과 친구들을 늘 기억하자는 뜻이었을 거다. 후배들도 계속 받아서 일 년에 두 차례 정도 문집 형태의 소식지도 만들고 모임을 이어 가기로 했다. 새로 만든 모임 '우리의 뿌리' 대표도 당연하게 대천여고에 가기로 한 혜영이가 뽑혔다.

대한민국 최초
초등학생을 대상으로 한
조직적 의식화 교육 사건

1984년 여름 방학 때의 일이었다. 후배 하나가 대천에 YMCA를 준비하면서 첫 사업으로 인근 탄광촌인 성주 지역 학생들을 대상으로 봉사 활동을 함께하자는 제안을 했다. 성주는 우리 학교 학군이고, 소위 문제아라 불리는 '고민 학생'이 많이 나오는 동네이기도 했다. 이번 기회에 그 동네를 제대로 알 수 있게 되면 이후 아이들을 이해하는 데 도움이 되겠구나 생각하고, 그러기로 했다.

우선 같이 근무하는 젊은 선생님들과 상의해서 몇 분의 동의도 구했다. 그런데 막상 방학이 되니 함께하기로 했던 젊은 선생님들 대부분이 연수에 가야 하거나 보충 수업에 얽매여 시간을 맞출 수 없었다. 그래서 부랴부랴 사범대 후배들 가운데 병역과 교생 실습을 마친 복학생 몇 명을 불러 봉사 활동을 시작하게 됐다. 그런데 아무래도 초등학생부터 중학생까지 다양한 나이의 아이들을 한꺼번에 가르치는 일이 쉽지 않을 것 같아 '우리의 뿌리' 친구들에게 보조 교사로 도와달라고 부탁을 했다. 그래서 혜영이가 중심이 돼 방학 때 대천에 있던 은아, 영례, 경미, 기수, 연진이 그리고 후배 은자가 일주일 동안 성주 여름 학교 진행을 돕기로 했다.

여름 학교는 초등학교 저학년 반·고학년 반, 중학생 반으로 짰다. 뜨거운 한낮을 피해 오전에 네 시간 탈춤 체조 배우기, 공동 벽화 그리기, 생활 글쓰기, 전래 동요 배우기, 전래 동화 읽기 등의 수업을 했다. 오후 네 시경부터 저녁 시간에는 동네 어른들을 찾아뵙고 일도 도와드리고 자녀들이나 교육 문제에 대해 함께 이야기를 나누는 시간을 가졌다.

이런 시간을 통해 탄광촌이라는 곳이 당사자들에게는 인생의 막장 같은 곳이라는 사실, 진폐증에 걸린 사람들이 엄청나게 많은데 산재 처리가 안 되는 현실, 오히려 돈을 벌기 위해 숨기고 일하는 분들도 있다는 이야기 등 아픈 현실을 알게 되었다. 시설 투자를 제대로 할 수 없는 영세 사업장이 많아 갱도가 무너지는 사고가 자주 일어나서 하루하루가 목숨을 건 전쟁터와 같다는 말도 들었다. 아버지들이 위험한 지하에서 일하는 시간에 한 푼이라도 더 벌기 위해 대천 시내에 술을 파는 음식점에 일하러 다니는 엄마들이 꽤 많다는 이야기도 들었다. 그런 환경에서 자라는 아이들에게 일어나는 사소한 문제는 결코 아이들의 책임일 수 없다는 것도 깨달았다. 나와 함께 참여한 예비 교사, 후배 선생님들 그리고 우리 아이들 모두에게 참으로 소중한 배움의 시간이었고, 보람 있는 일주일이었다.

그런데 엉뚱한 사고가 일어났다. 수업 없이 쉬는 한낮에 대학생 오빠들이 친구들에게 노래도 가르쳐 주고, 세상 이야기도 들려주었던 모양이다. 교과서에 안 나오는, 학교에서는 가르쳐 주지 않는 현대사 이야기도 가르쳐 주었고, 특히 몇 년 전에 광주에서 있었던 민중항쟁과 학살에 대해서도 이야기했단다. 친구들은 일기장에 그런 이야기와 자기 생각을 꼼꼼히 적어 두었다.

봉사 활동 마지막 날, 동네 어른들이 수고했다고, 고맙다고 천렵을 베풀어 주셨다. 그런데 우리 모두 그곳에 가서 놀고 있던 그 시간에 보령 경찰서에서 봉사 활동 현장을 찾았고, 거기서 민중가요 책자와 대학생들이 가지고 있던 이념 서적 그리고 우리 친구들의 일기장을 압수해 갔다.

다음 날부터 우리들의 여름 방학 탄광촌 봉사 활동은 '대한민국 최초의 초등학생을 대상으로 한 조직적 의식화 교육 사건'으로 불렸다. 대학교 학생처장 교수님은 참여한 대학생들을 모두 징계할 수밖에 없다고 협박했다. 그런데 정작 가장 큰 문제는 보조 교사로 참여했던 우리 친구들이었다.

학교에서는 우리 친구들을 처벌하겠다고 을러댔다. 의식화 교육을 받았고, 봉사 활동에 함께했기 때문이라고 했다. 특히 영례 아버님은 퇴학 처분할 테니 당장 아이를 데리고 가라는 소리를 듣기도 하셨다. 또한 교감 선생님이셨던 경미 아버님은 충격 때문에 쓰러지시기도 했다. 딸의 책가방을 아궁이에 태워 버리며 학교 당장 그만두라고 야단을 치던 아버님도 있었다. 혜영이 아버님도 학교에 가서 참기 어려운 수모를 당하셨다. 특히 혜영이를 주동자라면서 몰아붙이고, 다시 이런 비슷한 일이라도 있으면 언제라도 퇴

넌 아름다운 나비야

학시켜도 좋다는 백지 각서를 쓰게 했다.

결국 내가 사표를 쓰고 교단을 떠나는 대신 후배들과 제자들을 징계하지 않는 것으로 마무리되었다. 그러나 한 달 동안 여고 1학년이었던 우리 친구들과 부모님들께서 받은 충격과 상처는 얼마나 컸을까. 선생님들과 경찰로부터 계속되는 조사와 협박을 어찌 견뎠을까. 어린 딸이 빨갱이 교육을 받았으니 언제라도 퇴학시킬 수 있다는 백지 각서에 도장을 찍으라는 소리를 들은 부모님은 얼마나 놀라셨을까.

내가 해직된 후에도 학기 내내 대천여중과 대천여고의 종례 사항에는 최 모 교사를 만나지 말라는 내용이 반복되었다. 그런데도 우리 아이들은

"선생님은 우리들에게 교과서예요. 교과서가 흔들리면 안 돼요. 저희들에게 가르쳐 주셨지요? 어려운 때일수록 힘 내서야 해요."

라는 편지를 보내며 나를 위로하고 지켜 주었다.

혜영이는 그때 대장으로 제 두려움은 숨긴 채 친구들을 달래고 격려하며 다독였다. 그 일을 겪으면서 혜영이는 학교에서 공부보다 어려운 친구들 이야기를 들어주고 상담하는 일에 더 열심인 아이로 변했다. 오죽하면 같은 학교 다니던 기수가 내게 "친구들 보살피는 것도 좋지만 대학은 가야 하니 공부하라고 하면 그러겠다고 대답해요. 그래 놓고 잠시 뒤에 보면 다른 친구 이야기를 들어주고 있어요. 정말 못 말리겠어요." 하며 혜영이를 이르는 편지를

우리 대장 혜영이

보내기도 했다.

　혜영이의 그런 마음을 잘 보여 주는 것이 그 무렵 쓴 〈국어 시간
에〉라는 시다.

어머니가 제목인 국어 시간
내 짝은 한 번도 고개를 들지 않았다.
읍내 장에 채소 팔고
밤에 오던 어머니.

남의 밭 매다 쓰러져
남의 차 빌려 타고
남의 돈 꾸어 갖고
병원 가던 어머니.

병원 침대보다 하얀 얼굴로
잦은 기침 토하시던 어머니

손목을 꼬옥 쥐고
울먹이던 어머니
다시 만날 수 없는
엄마를 생각했나 보다.

넌 아름다운 나비야

엄마를 생각하며 울었나 보다.

어머니가 제목인 국어 시간
내 짝은 한 번도 고개를 들지 않았다.

— 이혜영(대천여고), 〈국어시간에〉 전문

나의 유일한
제자들

1984년 가을, 내가 교단에서 쫓겨난 이후 충남 지역 교사 운동
도 새로운 일이 많이 일어났다. 학생들에게 전래 동요를 가르친 선
생님들이 강제 전보 당하는 일이 있었고, 서산 교육청에서 한 여선
생님을 의식화 교사로 몰아 징계하려고 하는 것을 학부모가 중심
이 된 주민들이 대책위원회를 만들어 막아 낸 일도 있었다. 국어과
선생님들이 함께한 여러 학교 합동 문집 〈이웃끼리〉 발간이 문제
가 되기도 했다. 이 문집에는 대천의 우리 제자들인 '우리의 뿌리'
친구들의 글이 실리기도 했다.

1985년, 충남 최초의 교육 운동 단체인 '홍성 YMCA 중등교사협
의회'가 출범했다. 이때 서울에서 지원 차 여러 선생님들이 내려왔

는데, 나는 '우리의 뿌리' 혜영이와 은자를 데리고 참석했다. 그 자리에서 둘은 '선생님들을 향해 학생들이 항의하는 이야기'를 즉흥극으로 보여 주어 참석한 선생님들을 깜짝 놀라게 했다. 그때 제대로 연극 한 편을 준비해서 전국 교사 연수 때 공연하면 어떻겠느냐는 이야기가 오가기도 했다.

그해 〈민중교육〉과 〈교육현장〉이라는 잡지가 발간되었고, 민중교육 관련 교사들이 한꺼번에 해직되는 일도 있었다. 〈민중교육〉 잡지를 〈오월시〉와 〈삶의 문학〉 동인 교사들이 중심이 돼 만들다 보니 충남 지역에서 여러 명이 해직되었다. 나는 1985년부터 대천을 떠나 대전으로 옮겨 '충남민주운동청년연합' 결성에 참여하는 등 민주화 운동을 하고 있었다. 자연스럽게 〈민중교육〉 해직 교사들과 함께 사무실을 내고 '충청민교협' 활동도 동시에 하게 되었다.

그때도 유일한 제자들인 혜영이를 비롯한 대천 제자들과 수시로 연락하며 지냈다. 그래야 내가 선생님이라는 것을 잊지 않을 수 있을 것 같았다. 아니, 그냥 우리 아이들과 함께하는 것이 좋았다. 그래서 사정만 되면 이러저러한 선생님들의 모임에 우리 아이들을 데리고 다녔다. 교단에 설 수 없는 나로서는 이런 자리에 함께하며 스스로 배울 수 있게 도와주고 싶었다. 아니 그런 핑계를 대고라도 아이들과 함께 있고 싶었다는 것이 솔직한 마음일 것이다.

지난 번 홍성 모임에서 선생님들이 했던 이야기도 있고 해서 아이들과 만나 연극 대본을 만들기로 했다. 내가 학교에서 쫓겨날 때

학교에서 벌어진 일, 특히 우리 아이들이 겪은 이야기를 모아 '그 푸른 빛 변함 없으리!'라는 연극 대본을 썼다. 그 대본을 가지고 대천에 있는 친구들이 모여 공연 준비를 하기로 했다. 또 당연하게 혜영이가 이 일도 맡았다. 내가 가끔 대천에 갈 때 모여 점검하기는 했어도, 지도 교사도 없고 모임 장소도 없는 처지라 공연 연습만 해도 매우 힘든 일이었다. 게다가 '중등교사회' 전국 연수가 서울 외곽 다락원에서 열리는데, 교육청의 방해와 감시로 선생님들도 참가하기 쉽지 않았다. 그런데 시골 여고 학생들이 한꺼번에 거기 참석해서 공연을 한다는 것은 아무래도 무모한 계획이었다. 더구나 내 사건으로 인한 나쁜 기억이 혜영이 부모님을 비롯한 많은 분들에게 남아 있을 때였다. 그래서 교사회 연수장에서 하는 공연은 포기하려고 했는데, 혜영이와 아이들은 해 보자고 했다.

결국 아이들은 1986년 1월 초, 서울역에서 만나 모두 함께 의정부 다락원으로 갔다. 그리고 전국에서 모인 '중등교사회' 활동가 선생님들에게 감동적인 연극을 보여 드릴 수 있었다. 나중에 들어 보니 혜영이는 중학교 때 가정 선생님 결혼식, 경희는 포항 이모네 방문, 하는 식으로 각자 거짓 핑계를 만들어 모였단다. 물론 부모님이 나를 이해해 주셨던 은자나 기수처럼 사실대로 말하고 온 친구도 있었다.

우리 대장 혜영이

우리들의 영원한 대장
혜영이

1987년, 혜영이를 비롯해 첫 발령 때 중학교 1학년으로 만났던 친구들은 대학생이 되었다. '우리의 뿌리'를 함께한 친구들이 대부분 서울, 대전, 경기도, 공주 등지의 4년제 대학에 들어갔다. 그런데 혜영이만 홍성에 있는 2년제 전문 대학에 입학했다. 당시 혜영이 아버님 사업이 어려워져서 사립 대학교에 진학할 형편이 안 되기도 했지만, 친구들 상담하고 모임의 '대장' 노릇 하느라 성적이 나쁘기도 했다. 본인도 혼자 시골에 있는 전문 대학에 가게 된 것에 자존심도 상하고 충격이 컸던 모양이었다. 다른 친구들이 대학 생활에 들떠 서로 연락이 뜸한 탓도 있겠지만 몇 달 동안 친구들과 연락을 끊고 외롭게 지낸 모양이었다.

1987년 6월 항쟁의 열기는 전국을 뜨겁게 달구었고, 대전에 있는 대학에 간 경미, 은아, 연진이, 영례 들은 거의 매일 거리에서 만나 함께 뛰고 최루탄 연기를 마셨다. 시위를 마친 아이들과 나는 도청 앞 골목 음식점에 둘러앉아 많은 이야기를 나누었다. 또 '민교협(민주화를 위한 전국교수협의회)' 사무실에 몰려가서 함께 대자보를 써서 붙이기도 했다. 선생과 제자가 아닌, 같은 시대를 사는 동지로 만나고 있다는 기쁨을 느낄 수 있었다.

그때 우리는 아무도 홍성에 혼자 있을 혜영이 생각을 하지 못했

넌 아름다운 나비야

처음 만났을 때 혜영이는 중학교 1학년이었다.

700명의 졸업 문집을 만들고, 친구 이야기로 만든 연극을 공연할 때가

중학교 3학년이었다.

선생님이 빨갱이로 몰려 학교에서 쫓겨나고,

친구들과 함께 무서운 일을 겪으면서도 친구들을 위로하던 그때

혜영이는 여고 1학년 소녀였다.

다. 아이들은 당연히 그럴 수 있지만 나는 그러면 안 되었다. 들뜬 기분에 흥분해 있었고, 눈앞에 보이는 아이들에 흠뻑 빠져 혼자 외로움과 절망에 빠져 있을지도 모르는 우리의 대장 혜영이 생각을 전혀 하지 못했다. 따라서 혜영이에 대한 어떤 배려도 하지 못했다.

그런데 그때 홍성에 혼자 떨어져 있던 혜영이는 공주사대에 다니는 선배 영자를 찾아가 지역 운동을 하고 있던 내 동생 연진이를 만나 무엇을 해야 할까 상의하고 배웠단다. 그리고 학교에 돌아와 친구들을 설득해서 홍성 지역 6월 민주항쟁에 동참할 수 있게 했다. 그런 일을 통해 제대로 된 총학생회를 새로 만들어 후배들에게 물려주기도 했다고 한다.

언제쯤이었던가. 아마 '우리의 뿌리' 친구들이 처음 만났을 때, 내 나이인 서른 쯤 되던 1990년대 후반이었던 것 같다. 막 결혼을 하던 때였으니까. 대천에서 여럿이 모여 함께 놀다가 내가 아무 생각 없이

"우리 대장 혜영이가 요새 제대로 안 해서 모임이나 연락이 안되는 거 아니야?"

했더니 갑자기 정색을 하고

"저 이제 대장 소리 듣기 싫어요!"

라고 쏘아붙여 술이 깰 만큼 깜짝 놀란 적이 있다. 그 소리를 하고 혜영이는 뛰쳐나가 한참을 울다가 들어왔다. 혜영이가 울며 항의했을 때에야 처음으로 나는 혜영이 처지를 생각해 봤다.

넌 아름다운 나비야

그랬다.

처음 만났을 때 혜영이는 중학교 1학년이었다. 700명의 졸업 문집을 만들고, 친구 이야기로 만든 연극을 공연했던 그때의 혜영이는 중학교 3학년이었다. 선생님이 빨갱이로 몰려 학교에서 쫓겨나고 친구들과 함께 무서운 일을 겪으면서도 친구들을 위로하던 그때의 혜영이는 여고 1학년 소녀였다. 선생님 떠나고 없는 대천에서 친구, 후배들과 함께 '우리의 뿌리' 모임을 이어 가고, 소식지를 만들어 나누고, 서울까지 올라와 전국에서 모인 선생님들을 놀라게 한 연극을 보여 준, 꿈 많은 여고 2학년 소녀일 뿐이었다.

얼마나 힘들었을까.

얼마나 외로웠을까.

선생님이랑 제일 친하던 유상덕 선생님이 어느 날 간첩단이라고 텔레비전에서 떠들던 그때 혜영이는 얼마나 무서웠을까. 그래도 '난 우리 선생님을 믿는다.'고 친구에게 말하던 그때, 혜영이는 눈 덮인 벌판에 혼자 서 있는 느낌은 아니었을까! 못난 선생을 만나 나 대신 대장 노릇 하느라 얼마나 많은 것을 혜영이는 희생해야 했던 것일까!

지금도 일 년에 두어 차례 '우리의 뿌리' 제자들과 만난다. 인천, 전주, 대구, 서산, 서울 등 전국에 흩어져 살고 있어서 모두 모이지

우리 대장 혜영이

는 못해도 대전에서 하룻밤을 같이 지내며 사는 이야기를 나누기도 하고, 우리 집에 부부 동반으로 몰려와서 술을 마시기도 한다. 물론 언제나 모임의 중심은 혜영이다.

지금은 멀리 김해에 살고 있어도 영원히 우리의 대장은 혜영이니까! 이제는 내 인생 길에서 소중한 벗이요, 우리 사랑하는 제자들과 함께하는 모임의 영원한 대장 혜영이.

6학년, 3학년인 두 딸과 함께 당당하고 씩씩하고 명랑하게 살아가는 혜영이가 있어 행복하다.

남쪽에는 봄꽃이 활짝 피었다는데

혜영이 만나러 김해 장유에 내려가 볼까?

내 마음 속 대통령, 노무현 대통령 계시는 봉하 마을이 가까우니

혜영이랑 같이 봉하에 가서 막걸리 한잔하면서

옛날이야기 하다가 슬며시 사과라도 하고 올까?

처음 만났을 때 혜영이 나이가 되어 버린

혜영이보다 더 예쁜 딸애를

한 번

안아 주고 와야겠다.

넌 아름다운 나비야

작은 연못

김현식

100여 그루의 사과나무를 기르고 있다. 수확한 사과의 표정을 보고 어느 나무에서 자란 것인지 알 수 있다는 그는 퇴근하여 해 질 무렵까지 사과밭에서 혼자 일하고 생각하는 시간이 가장 편안하다는 사람이다. 늘 조용한 미소를 띠고 있지만, 한번 꽂히면 앞뒤를 재지 않는 열정이 있다. 학생들과 노래 모임을 만들고 공연을 위해 월급을 털어 악기를 샀던 시절, 세대 차이가 없는 노래를 공유했던 그 학생들과 지금도 가끔 모여 작은 공연을 한다. 건축을 공부하고 있고 휴일 아침에는 공을 찬다. 지금은 공주여자고등학교에서 물리 교사로 아이들을 만나고 있다.

분장실에서는 아이들이 손거울에 얼굴을 쏟아 놓고 엄마 화장품을 덕지덕지 바르고 있다. 무대 화장이 따로 없다. 무대에 선다는 설렘으로 서로 얼굴을 보면서 낄낄대고 난리다. 관객이 얼마나 올까, 공연이 잘 될까, 는 남의 일이다. 나만 속이 타고 입이 마르는 것 같다. 공연 시작 30분 전, 저 멀리서 걸어오는 무리의 길이가 어림잡아 200m 이상은 되어 보인다. 광천에서 온 시내버스가 가래떡 내듯 끝도 없이 사람들을 내려놓는다. 대부분 광천상업고등학교 학생들이지만 어른들도 간간이 끼어 있다. 시내 쪽에서도 삼삼오오 짝을 지은 여러 무리가 우리 공연장을 향하고 있다. 이들이 다 우리 공연을 보러 오는 사람들이다. 원군을 만난 장수의 기쁨이 이만할까. 눈앞에 펼쳐진 광경에 허기가 사라진다. 종일 걱정을 많이 했다. 금쪽 같은 토요일 오후에 학생들 공연을 보려고 과연 누가 얼마나 올 것인가? 아침을 먹는 둥 마는 둥 했고 오전 수업 중에도 머릿속은 온통 공연 생각으로 꽉 차 있었다. 조바심으로 속이 타서 종일 맹물만 들이켰다.

700여 석의 객석이 거의 꽉 찼다. 공연 시작 정각 3시, YMCA 관계자가 공연 안내를 위해 무대 앞에 섰다.

"오늘 '장고개 아이들'과 '작은 연못'의 공연에 이렇게 많이 와 주셔서 감사합니다. 3시가 약속된 시간이지만 아직 입장하지 못한 관객이 있어서 공연 시간을 10분 정도 늦추고자 합니다. 어떻습니까. 괜찮으시겠지요?"

"예~."

학생들이 주도하는 객석의 넉넉한 반응이다. 막 사이로 앞자리에 낯익은 얼굴이 여럿 보인다. 우리 동네 아줌마들, '장고개 아이들'의 엄마들이다. 자식이 서는 무대를 응원하러 온 것이다. 객석은 시끄럽지만, 무대 뒤는 긴장감이 돈다. 침을 삼키면서 가슴을 토닥거리며 떨지 말자고 서로 격려한다. 조금 전 분장실에서 시시덕거리던 표정은 찾을 수가 없다. 드디어 관객의 박수와 휘파람을 받으며 가을 음악회의 막이 오르기 시작했다.

넌 아름다운 나비야

광천상고 중창단
'작은 연못'의 시작

2년 전 5월 어느 날이었다. 점심을 먹고 나서 수업 준비를 하려고 과학실로 가고 있었다. 그런데 과학실 쪽에서 희미하게 노래가 흘러나오는 것이 아닌가.

나는 한 마리 이름 없는 새,
새가 되어 살고 싶어라.
아무도 살지 않는 곳,
그 곳에서 살고 싶어라…….

청아한 목소리의 아카펠라였다. 과학실은 막다른 곳이라 수업 시간이 아니면 인적이 없어 조용하다. 암막 커튼까지 치면 귀신 장난이 어울리는 동굴 같은 곳이다. 그런 곳에서 울려 나오는 하모니는 천상의 소리였다.

"니들 반주도 없이 노랠 참 잘하는구나. 화음 정말 죽이는데. 내일 점심시간에 다시 오지 않을래? 선생님이 기타 가져올 테니 같이 노래 한번 해 보자."

그동안 이 녀석들은 타자실과 체육관 주변 같은 한적한 공간을 찾아다니며 노래 연습을 했는데 사정이 여의치 않자 과학실까지 오게 된 것이다. 기타 반주가 실린 녀석들의 노래는 더욱 빛났다. 노랫소리를 듣고 과학실에 찾아오는 관객도 있었다. 그렇게 순미, 혜경이와 함께 광천상고 중창단 '작은 연못'이 시작되었다. 중창의 매력은 단점은 가리고 장점을 드러내는 데 있다. 각자의 소리는 볼품없을지라도 서로 도와 어우러진 소리는 전율을 불러온다. 과학실에서 느꼈던 아카펠라의 전율은 아직도 생생하다. 여럿이 하면 소리가 풍부해질 것 같아 미자, 혜정, 규연, 화영, 선영을 뽑았다. 수업 시간에 아이들의 추천을 받아 즉석 오디션도 거쳤다. 여기에 기타 치는 종윤과 피아노 치는 명호가 가세했다. 그러나 처음부터 무대를 생각하고 아이들을 모은 것은 아니었다. 그저 어우러지는 노랫소리가 좋았을 뿐이다.

별 생각 없이 이 노래, 저 노래를 불렀다. 그런데 차츰 부르는 곡이 많아지자 '어떤 노래를 불러야 하는가?'라는 고민을 하게 됐다. 〈거리에서〉, 〈행복을 주는 사람〉, 〈향수〉, 〈작은 연못〉, 〈기도〉, 〈아주 옛날에는〉…… 그런 가요들과 〈우리가 어느 별에서〉, 〈사계〉, 〈직녀에게〉, 〈불량 제품이 부르는 희망 노래〉, 〈누구도 살아남을 수 없네〉와 같은 민중가요를 불렀다. 이런 취향의 곡목 선정에 아이들은 별 이의 없이 잘 따랐다. 열 살 남짓, 나이 차가 적어 아이들과 정서적으로 거리가 없는 것도 한몫했다. 아이들이 즐겨 부르는 노래가 내가 좋아하는 노래였다. 교사의 젊음은 무기이자 복이었다.

그래서 우리는 노래를 이렇게 부르는데 원곡의 느낌은 어떨까, 궁금했다. 신문에 난 공연 안내를 보고 서울에 갈 것을 계획했다. 토요일 공연 일정은 대개 4시와 7시, 2회 공연이었다. 서울에서 광천행 막차는 7시 20분. 4시 공연만 관람할 수 있었다. 번갯불에 콩 볶아 먹는 듯했다. 토요일 수업이 12시 10분에 끝나고 종례 마치면 12시 15분. 서울행 열차는 12시 28분이었다. 광천역까지는 달음질로 9분 거리, 단거리 선수 달리듯 역까지 달려야 한다. 함께 만나서 가자고 할 필요도 없다. 각자 죽을힘으로 달리다 보면 역 앞에서 헐떡거리며 만난다. 채 2분도 안 되어 열차가 들어오고 들뜬 마음으로 열차에 오른 뒤에야 서로를 확인하며 안도의 숨을 내쉬었다. 서울에 도착해서도 마찬가지였다. 서울역에 도착하면 공연 시간 1시간 전. 전철을 타기 위해 뛰고, 환승역에서 갈아타려고 뛰고, 내려서 공연장까지 또 뛰었다. 그래야 공연을 볼 수 있었다. 공연을 본 후에도 서둘러야 했다. 앉아서 저녁밥을 먹은 기억이 없다. 광천에 도착하면 10시가 넘었다. 공연 시간 1시간 30분을 빼고는 모두 뛰는 시간이었다. 이런 식으로 한돌, 한영애, 김광석, 백창우와 노래마을, 노찾사(노래를 찾는 사람들)의 공연을 봤다. 공연을 보러 가는 토요일은 천국 가는 날이었다.

여름 방학에는 뭐라 할 사람 없는 과학실에 모여서 마음껏 노래 불렀다. 배고프면 떡볶이, 튀김을 사다 먹었다. 노래를 마치고 아이들을 오토바이로 집에 태워다 주기도 했다. 오토바이는 긴요한 이동 수단이었다. 공연 욕심이 생기기 시작했다. 우리끼리 부르는 것에 만족하지 말고 무대에 오르자는 생각이 들었다. 요즈음은 어느 학교나 가을 축제 형식으로 발표 무대를 갖는 것이 일반적이지만 그때만 해도 드문 일이었다. 더욱이 전교조 교사가 아이들을 데리고 몰려다니는 것은 심상치 않은 일이었다.

"교장 선생님, 올가을에 강당에서 아이들과 노래 공연을 하고 싶은데요."

"교육 계획에도 없는 일인데 어디 가능하겠어요?"

교장은 눈을 내리깔고 양 입술을 다문 채로 내 표정을 살핀다. 여기서 물러설 수 없다. 등 뒤로 아이들의 모습이 떠올랐다.

"금요일 7교시 클럽 활동 시간에 가능합니다."

"……."

교장은 굳은 표정으로 한동안 말이 없다. 나도 말을 하지 않았다. 교장의 얼굴만 쳐다보았다. 애원이 아니었다. 단호한 기세였다. 아이들이 눈에 밟혀 다른 대답은 들을 수가 없었다.

"으음, 선생님의 뜻이 정 그러하다면 클럽 활동계 선생님하고 상의해 보세요."

"야, 이싸!"

교장실을 나오면서 나도 모르게 소리 질렀다.

공연 날짜가 잡히자 마음이 급했다. 하겠다고 큰소리를 쳤는데 산 넘어 산이었다. 노래 연습은 되었지만, 무대에서 아이들이

1,000여 명 관객의 압력을 견뎌 낼까, 의문이었다. 음향 장비와 조명도 문제였다. 물리 선생이라 방송 담당인 것이 천만다행이었다. 방송반 아이들과 학교에 있는 음향 시설을 최대한 강당으로 집중시켰다. 하향 조명은 그런대로 괜찮은데 바닥 조명이 없어 얼굴에 그림자가 생겼다. 다른 방법이 없었다. 아이들과 전구를 사다가 손수 제작했다. 큰 행사에 뭔가 도움이 된다는 존재감을 느낀 아이들은 신이 났다. 공연에서 음향 장비의 역할은 절대적이다. 아무리 공연 내용이 좋다고 해도 소리가 관객에게 전달되지 못하면 그만이다. 아무래도 음향 장비가 부족했다. 수소문했다. 우리 학교 앨범 만드는 명사진관 사장님이 행사용 앰프를 가지고 있다는 사실을 알고 찾아갔다. 그냥 빌려 주신다면서 극구 사양했지만, 호주머니에 5만 원을 찔러 드렸다.

공연 하루 전날, 1,000명의 학생 관객을 모시기 위해 최선을 다했다. 교실 커튼을 이용하여 지저분한 곳을 가리고 집에서 쓰던 조명등과 근처 야산에서 억새를 꺾어다 단지에 꽂아 무대를 꾸몄다. 무대는 크고 아이들의 존재감은 적으니 소품으로라도 무대를 채워야 했다. 무대 양쪽에 설치된 스피커는 크기가 달라 고물상에서 가져다 놓은 것 같았다. 무대 입장과 퇴장 요령, 공연 동선을 정하는 것으로 리허설을 마쳤다. 감기 들면 끝이니까 감기 안 들게 오늘은 푹 자라고 당부하고 아이들을 보냈다. 공연 날짜가 잡힌 뒤 과학실에서 최선을 다해 열심히 노래 연습한 아이들이 대견했다.

작은 연못

음향과 무대 장치를 위해 고생한 방송반 아이들이 고맙고 미안했다. 툭하면 소리 지르고 이게 뭐냐고 다그쳤다. 이들의 드러나지 않는 피땀이 무대 장치에 고스란히 배어 있었다. 아이들이 모두 떠난 강당 안이 적막하다. 불 꺼진 무대 위로, 창을 통해 비친 보름달이 무대를 감싸자 소품들이 살아났다. 무대 한쪽에 텐트를 쳤다. 밤새 무대 훼손과 음향 장비 도난을 걱정하기보다 이편이 훨씬 편했다. 텐트 안은 안온했다. 등을 눕히자 긴장이 풀리면서 달밤의 여흥도 없이 이내 잠이 들었다.

아이들의 열정이 만들어 낸 그 떨리는 문예회관 첫 공연

막이 걷히면서 7명의 천사가 무대 전면에 나타났다. '와~' 하고 객석의 함성이 이어졌다. 계단식 단상을 타고 7명의 천사가 하늘에서 내려오는 것 같았다. 유요한 목사님의 기발한 아이디어다. 목사님은 지역 사회의 진보적 인사로서 곡을 써 주셨고 공연 날에는 피아노도 쳐 주셨다. 공연에서 개막은 성공의 반을 좌우한다. 작고 조용하게 무대를 열기도 하고 지금처럼 출연진의 역량을 총동원하기도 한다. 후자를 선택한 판단이 딱 들어맞았다.

"작은 시냇물에 실려 가는 노래 하나 드릴까요. 고개 숙인 사람들 함께 노래를 불러요."

개막의 끈을 잡고 규연이가 첫 노래를 이어 갔다. 그런데 객석의 반응에 눌려 그만 첫 소절부터 음정이 떨어진다. 작년 학교 공연에서는 이런 일이 없었다. 아마도 학생이 아닌 홍성군민 앞이라는 생각이 부담으로 작용했던 모양이다. 목소리와 발성이 가장 좋다고 음악 선생님의 칭찬도 받지 않았던가. 한번 음정이 떨어지기 시작하면 노래 끝까지 그렇게 갈 수밖에 없다. 3분이 왜 그리 긴지 가슴이 저렸다. 그러나 객석의 반응은 의외였다. 요란한 함성과 박수로 답했다. 오랜 시간 함께 호흡을 맞춰 온 순미와 혜경이는 정확하게 화음을 구사했다. 진한 혜경이의 목소리와 거칠고 건조한 순미의 목소리가 만나 전혀 다른 차원의 소리가 되었다. 독창한 혜정이는 끼가 철철 넘치는 녀석이다. 객석 반응을 파도 삼아 파도를 타듯 노래를 끌고 갔다. 이런 끼는 타고 난다.

잠시 무대 조명이 어두워진 사이 초등학교 4, 5학년 아이들로 구성된 '장고개 아이들'이 등장했다. 앞자리에서 엄마들이 꽃다발을 흔들며 환호하자 쭈뻣거리며 엄마를 힐끔거린다. 어린이는 어디서나 보석이다. 국면을 바꾸는 힘이 있다. 객석의 표정이 달라지고 공연장에 생기가 넘쳤다. 떨지도 않고 과시도 없었다. 70을 준비하면 70이 나오고 40을 준비하면 40이 나온다. 변성기 이전 아이의 노래에는 그 무엇으로도 대신할 수 없는 아름다움이 있다. 딱지 치며 노는 우리 동네 아이들을 과자로 꼬드겼는데 기대 이상의 성과를 냈다.

마지막 순서는 해바라기의 〈사랑으로〉였다. 촛불을 들고 관객과 합창했다. 촛불은 뜻을 모으고 주변을 숙연케 하는 힘이 있다. 지금 하면 식상하겠지만, 그때만 하더라도 신선한 발상이었다. 앙코르 없이 끝났다. 1%의 여유도 없이 전부를 쏟아 내서 앙코르가 있었더라도 응할 수 없었을 것이다. 공연 주체나 관객 모두에게 흡족한 무대였다.

미안하고
아프다

사달이 났다. 학교에서 급히 나를 찾는 전화가 왔다고 했다. 막차가 끊긴 순미와 정자를 오토바이에 태워 바래다 주고 온 사이 벌어진 일이다.

이 녀석들이 집에 가지 않고 선애 자취방에 모여 술을 마시다가 들킨 것이다. 선경이 아버지가 밤늦도록 집에 들어오지 않는 딸을 걱정하여 학교 숙직실에 전화를 걸었고, 숙직 선생님이 학교 주변을 뒤져 술 먹고 있는 현장을 적발한 것이다. 휴대 전화가 없던 시절이었다. 자취방 문을 열고 들어가자 모두 벌게진 얼굴로 말을 못 하고 죄인처럼 고개를 숙이고 있었다. 처음 보는 남학생 2명이 섞여 있었다. 홍성고, 홍주고 학생이었다.

"애들아, 괜찮아! 공연 마치고 기분 좋아 술 먹을 수도 있어. 오늘은 이 정도로 하고 집에 가자."

"……."

모두들 풀이 죽어서 아무 대꾸도 못 하고 가방을 주섬주섬 챙겨 일어난다.

"선경이와 규연이는 선생님 오토바이로 가자."

11월의 밤 공기는 찼다. 여느 때 같으면 오토바이 탄다고 좋아라 할 텐데 말이 없다. 홍주문예회관 공연을 끝으로 올해를 마무리했으면 좋았을 텐데, 후회된다. 오늘 공연은 안종성 목사님이 청한 것이다. 교회에서 공연하고 술을 먹었다는 소문이 돌면 입장이 얼마나 난처하실까. 목사님께 면목이 없게 되었다.

"선경아, 아빠에게 늦는다고 전화 안 했니?"

"저녁때 했어요."

"으음, 그런데 어찌해서……."

뭔가 속사정이 있는 것 같아 말을 멈췄다. 선경이 집에 도착했을 때 금방 알 수 있었다. 살가운 부녀 관계가 아니었다. 서로가 겉돌았다.

"아버님, 걱정을 끼쳐 죄송합니다. 아이들은 잘못이 없고 다 제

불찰입니다. 용서하십시오."

"아니, 밤늦게까지 남녀가 어울려서 술을 먹는 게 학생입니까? 다 퇴학시켜 버려야 해요."

"……."

"선경이 저년도 애비 말이라곤 한마디도 듣지 않고…… 내 딸년이 아닙니다."

울분이 쌓인 듯 듣기 거북할 정도로 계속 내뱉는다. 선경이는 대꾸하지 않고 싸늘하게 아버지를 쏘아본다. 지루하고 고통스러운 훈계가 계속되었다. 12시를 넘겨서 선경이의 집을 나왔다.

무언가에 목이 졸린 느낌이다. 학교 공연을 시작으로 홍주문화회관 공연, 오늘 광천장로교회의 공연을 통해 '작은 연못'이 지역사회 노래 모임으로서 활동의 폭을 넓히고자 했었다. 열정과 뚝심으로 여러 차례 고비를 넘겼다. 그러나 오늘 일은 뚝심만으로는 해결될 일이 아니다. 이 일을 어찌해야 하나. 집 앞 현관문에 멈춰서서 뒤돌아 하늘을 바라보았다. 무슨 수가 있겠지. 내일의 태양 아래서 부딪쳐 보자고 마음을 다잡았다.

이튿날, 출근하여 교장실을 찾았다. 교장이 대뜸 시말서를 쓰라고 했다. 휘젓고 돌아다니더니 그래 너 잘 걸렸다, 꼴 좀 보자는 식의 말투와 고압적인 태도였다. 속이 상했지만, 아이들이 볼모로 잡힌 격이니 몸을 낮출 수밖에 없었다. 시말서를 썼다. 지도 소홀로

넌 아름다운 나비야

벌어진 일로 모두 내 잘못이니, 아이들에게는 해가 없게 해 달라는 내용이었다. 교장실을 나오자 교무과장이 다가와 위로의 말을 건넸다.

"사고 친 것도 아니고 애들끼리 술 먹은 것인데 큰 문제가 되겠어요? 너무 걱정하지 마세요."

"예, 선생님 고맙습니다. 누를 끼쳐 죄송합니다."

그런데 그날 저녁 학생과장으로부터 전화가 왔다. 술 먹은 학생들 모두 10일의 정학 처분이 내려졌다는 것이다. 순간 눈앞이 깜깜했다. 분노가 솟구쳤다.

'씨발, 뭐 이런 개 같은 경우가 있나. 힘없는 애들을 징계한다고? 교장 이 개새끼.'

관사로 향했다.

불이 켜져 있었다. 교문 앞 전화 박스에서 잠시 숨을 고르고 전화를 걸었다. 사정해 볼 심사였다. 신호음이 다할 때까지 전화를 받지 않는다. 다시 걸었지만 마찬가지였다. 눈알이 튀어나올 것 같았다.

"야, 개새끼야, 이리 나와 봐라. 너 내가 때려죽일꺼. 야비한 새끼. 니가 사람이냐?"

잠긴 대문을 발길로 차며 갖은 욕을 해댔지만 안에서는 무반응이다. 뵈는 게 없었다. 머리통만 한 돌을 대문에 집어 던졌다. 미친놈이 되었다. 숙직하던 학교 아저씨가 왔다가 슬그머니 사라졌다.

지금은 선도위원회에서 학생의 진술을 충분히 듣고 담임 교사의 의견을 존중하여 징계 결정을 하지만 그 시절은 그렇지 않았다. 교장 말 한마디로 징계가 좌우됐다. 징계 절차의 하자라는 개념이 없었다.

지난밤 난리 친 것에 대해서는 언제 그런 일이 있었냐는 듯 서로 모른 척하고 마주했다. 만약 전날 밤에 교장이 나왔더라면 맞아 죽었을 것이다. 결과적으로 안 나온 것이 각자를 위한 일이 되었다. 녹차를 한 모금 마신 후 입을 떼었다.

"교장 선생님, 어제 쓴 시말서를 확인하고 싶은데 보여 주시지요."

교장은 반이 접힌 시말서를 서랍에서 꺼내 내게 건넸다. 접힌 부분을 펴서 잠시 읽다가 천천히 찢었다. 갈기갈기 찢었다. 교장은 당황하여 말을 못 하고 코를 벌렁거렸다. 허리를 펴면서 가슴을 세워 교장을 쏘아보았다. 교장의 몸이 뒤로 젖혀졌다. 찢긴 시말서를 움켜쥐어 교장에게 집어 던졌다.

"야, 이 새끼야 이거나 먹어."

교장실을 박차고 나왔다. 분이 안 풀려 복도 쓰레기통을 발길로 찼다. 오후에 홍성고 학생과장으로부터 전화가 왔다. 우리의 상황을 그대로 말했다. 문제 삼지 않고 그냥 넘어갔으면 하는 눈치였다. 우리 학교 상황을 봐서 처리하려는 것 같았다. 며칠 후 홍성고 학생은 근신 3일, 홍주고 학생은 주의만 받았다. 우리 아이들은 정

넌 아름다운 나비야

우리 아이들은 정학 10일을 받았다.

나 때문에 그리 받은 것이다.

내게 책임이 있으니 내가 징계를 받았다면 불만이 없겠지만

내 목을 비틀려고 애들을 징계한 건 참을 수 없었다.

상처로 남았다.

25년이 지난 지금도 그 생각만 하면 미안하고 마음이 아프다.

학 10일을 받았다. 나 때문에 그리 받은 것이다. 내게 책임이 있으니 내가 징계를 받았다면 불만이 없겠지만 내 목을 비틀려고 애들을 징계한 건 참을 수 없었다. 상처로 남았다. 25년이 지난 지금도 그 생각만 하면 미안하고 마음이 아프다.

10년 후가 되면
같이 늙어 갈 테지만...

이듬해 1992년, 홍성여고로 근무지를 옮겼다. 아이들은 학교를 졸업하고 서울, 인천, 대구 등으로 직장을 잡아 떠났다. 그럼에도 홍성에 직장을 잡은 아이들끼리 '작은 연못'을 이어 갔다. 오르간 주자로 풀무학교 권신아를 영입했고, 빵 기술자 이동혁과 의료보험조합에 다니는 박현주가 소문을 듣고 찾아와 합류했다. 외견상 지역 노래패로서의 위용은 갖추었다.

하지만 단원의 결속이 약했다. 노래 모임은 각자가 갖춘 실력보다 결속이 중요하다. 결속은 함께 모여 연습하고 같은 가치를 갖고 추구하는 활동으로 굳어진다. 단원이 새롭게 구성되면서 시간이 지나야 극복될 문제였다. 실력의 한계를 극복하고자 보컬 강사를 초청하여 연수도 하고, 함께 공연을 보러 다녔다. 홍성문화원 행사인 '어울림'에 참여하여 식지 않은 학생들의 성원을 확인했고, 홍성 의료원 정신병동에서 정기적으로 위문 공연을 펼쳐 봉사의 기쁨 도 누렸다. 그렇지만 그해 12월 한 해를 결산하는 문화회관 공연은 실패였다. '작은 연못'의 활동 방향을 고민하라는 신호였지만 이후 로 동력이 소진되어 활동을 접었다.

"선생님 내일이 스승의 날인데 찾아뵙지 못하네요. 건강하시지 요. 자주 연락 못 해 죄송해요."

혜경이의 낭랑한 목소리다. 도배 일을 하면서 씩씩하게 방통대 (한국방송통신대학교)에 다닌다. 매년 듣는 인사지만 참 고맙다. 살피고 추스르는 일은 늘 이 녀석의 몫이다.

"아니야, 각자 사는 곳에서 탈 없이 지내면 되는 거지 뭐. 언제 한번 만나자."

"예, 저희가 시간 내서 한번 찾아뵐게요."

스승의 날에 '작은 연못' 리본을 달고 축하 화분이 왔다. 그때는 어려서 몰랐는데 지금 생각하면 선생님이 고맙다면서 때마다 무 얼 보내온다. 그냥 하고 싶은 일을 이 아이들과 함께했을 뿐인데 말 이다. 이들을 위해 선생으로서 무엇을 한다고는 생각하지 않았다.

아이들은 40대로, 나는 50대로 살고 있다.

전에도 지금도 같은 시대를 같은 정서로 산다.

'작은 연못'이 개점휴업 상태지만 원년 멤버들은 가끔 만난다.

노래도 한다.

3년 전, 전교조 참실(참교육 실천) 행사에 혜경이와 출연했고

작년에 강병철 선생님 출판 기념회에서 축하 공연도 했다.

오는 10월 청양 독서 모임 출판기념회 때는

정지용의 〈향수〉를 부를 것이다.

10년 후가 되면

같이 늙어 갈 테지만

그때도 그들은

나를 선생님으로 부를 것이다.

넌 아름다운 나비야

꿈으로 달리는
아이들

강병철

총각 선생 시절이 엊그제 같은데 30여 년 세월이 쏜살처럼 흘러 이제 초로의 시점에서 있는 그는 '첫 제자들의 아들·딸'들과 티격태격 중이며 정년 퇴임을 목표로 하고 있다. 해직 교사와 안식년 교사 등 신산고초를 거쳤으나 아직도 제자에 대한 짝사랑이 뜨끈뜨끈하니 천상 훈장 체질이다. 한국작가회의 대전·충남 지회장을 역임했으며, 청소년 잡지 〈미루〉 발행인으로 10여 년 동안 이름을 걸기도 했다. 《닭니》, 《꽃 피는 부지깽이》, 《토메이토와 포테이토》 등의 성장 소설과 《쓰뭉 선생의 좌충우돌기》, 《선생님이 먼저 때렸는데요》 같은 교육 산문집까지 열 권 이상의 책을 발간했으나, 아직도 도서관 붙박이로 습작 시인처럼 글자판과 씨름 중이다. '술과 글'이 주특기이며 거친 외모와 달리 속살이 뽀얀 순정파 스승이다. 지금은 서산 대산고등학교에서 국어 교사로 아이들을 만나고 있다.

2012년, 교단 30년 만의 첫 안식년 그리고 도심 속의 숲 '연희문학창작촌'.

그 속에서 3개월 집필 기간을 잡고 가마솥 폭염을 가뿐하게 견디려 했다. 글쟁이들이 동굴 속에 처박혀 머리띠 동여맨 작가촌 공간에서 생뚱맞게 폭풍 음주에 빠진 채 한량 일상을 보낼 즈음이다. 서울 소재 벗들이 기다렸다는 듯이 호출하였고 그들이 발길을 끊으면, 내가 먼저 낭만주의자를 자처하며 휴대 전화를 누르기도 했다. 일단 크게 후회하지는 않기로 한다. '진한 술자리는 피해야지.' 정도로 마음 다지는 9월, 이제 쑥부쟁이 대궁에서 꽃망울 부푸는 초가을이다.

입주 초기에 제자 조성인과 김영신이 이차구차 방문했는데, 모두 스물한 살 시퍼런 대학생이니 태양처럼 젊은 몸이다. 초로의 스승은 젊은 피들에게 삼겹살과 소주 한 잔 그리고 통닭에 생맥주 코스를 거치고 싶었다. 행여 마지막 제자가 아닐까, 스승은 과연 몇 살 때까지 제자와 소주잔을 나눌 수 있을까, 그런 불안감은 일단 묻어 두고 편안하게 술잔을 비울 참이다. 그런데 어럽쇼, 이 자식들이 소주와 맥주병을 후두두 올려놓는 품새가 심상치 않다. 38년 술꾼인 나도 한 병을 비운 다음 또 한 병을 시키는 게 순서인데 어째 초입부터 만만치 않다.

음악 천재 성인이와 열혈남아 영신이

중학생 시절, 조성인은 몇 가지 영역에서 타의 추종을 불허했는데, 특히 논술과 음악이 그랬다. 성인이는 중1 때 공주시 논술 토론회에서 1등을 했고, 중3 때 충남 토론회에서 대상을 받았고, 또 음악에서도 성악이건 작곡이건 닥치는 대로 상패를 지고 왔다. 그 토론회에서 몇 번 만나 안면을 튼 내 딸 주현이와의 중3 때 삽화 한 장.

음악 선생님이 '작곡을 하나씩 해오라.'는 숙제를 내준 적이 있다. 주현이는 재빨리 작곡 천재 성인이를 떠올렸다. 가사를 써서 성인이에게 보내고 작곡을 부탁하자 불과 40분 후에 악보 한 장이 이메일로 전송된 것이다. 그 짧은 시간에 받은 악보를 주현이가 피아노로 치니 아, 그대로 아름다운 선율이 되는 것이다. 나는 그때 처음으로 '예술가가 사람의 마음을 행복하게 해 준다.'는 진리를 깨달았던 것 같다. 한 마디 말과 몸짓이 시가 되고, 노래가 되는 것이다.(내 딸 주현이는 작곡 점수 B를 맞았다. 숙제를 통째로 외워 피아노로 치라는 바람에 이럴 수 없었다고 한다.)

성인이는 내일 중간고사를 보더라도 지금 작곡 중인 악보를 끝장내야 비로소 시험 공부로 전환하는 워크홀릭 체질이었다. 그가 교무실에 들어오면 선생님들이 사방에서 '성인아.', '성인아, 이리 와 봐.' 부르느라 정신이 없었다. 그 와중에 몇 가지 일을 동시에 처리하니 스승들의 사랑을 받을 수밖에.

같은 반 영신이는 주먹을 썼었다. 가로등 아래에서 눈빛이 마주쳤다는 이유로 원정 패싸움도 시도했고, 더러는 혼자서 열몇 명과 맞서다가 다구리 당해 팥죽이 된 것이다. 그 후 짱이 되었다. 빵셔틀을 시킨 적이 전혀 없는데도 웬만한 아이들은 고개를 숙였으니, 그렇게 성인이는 머리짱이었고, 영신이는 몸짱이었다. 나 역시 몸의 강도와 전투력 측정에 관심이 많았으므로 그네들의 중학교 국어 교사 시절 친구 이진민을 비롯한 사춘기 무더기를 손가락 꺾기나 암바 같은 물리력으로 제압한 기억이 겹치기도 한다. 그러다가

고등학교 교실에서 다시 만났을 때, 그들 모두 터미네이터 청년으로 변신해 있었으니, 그게 세월이다. 지금부터 그 영신이의 이야기를 하려고 한다.

메마른 학교 분위기에 탄력을 만들겠습니다

기실 음악을 좋아하는 평범한 사춘기였을 뿐이다. 고2 때만 해도 힙합 장르에 빠져 '나는 가수다' 영상에 집중하거나 끼리끼리 노래방 마이크도 돌리면서 보컬 그룹을 꿈꾸는 게 전부였다. 조부모와 살고 있는 영신이는 용돈 받아 예술 활동을 할 처지가 전혀 아니므로 대강 스냅의 만족에 취하는 중이었다. 그러다가 인터넷 사냥 중 서울 광진구의 휘황한 콘서트를 접하면서 넓은 세상에 경탄한다. 소리와 기능, 장비와 무대의 일거수일투족을 더듬어 보면서 엄청난 시너지를 만난다.

그런데 환희를 만나면 왜 손등을 찍고 싶은 것일까. 바깥 세계의 전혀 다른 벽을 실감하는 순간 동굴 속의 영상, 세월이 억울한 것이다. 끝도 없이 펼쳐 있는 벌판, 영신이는 처음으로 욕망의 소용돌이를 느끼며 첫 문장을 쓴다.

'인생 전체를 음악에 걸자.'

그러니까 돈을 마련해야 한다. 겨울 방학 내내 자동차 부품 공장에서 닦고 조이는 기름밥 아르바이트로 120만 원을 벌어 죄다 악기 장비로 사 버렸다. 깍짓동 같은 중고품 장비 택배가 집에 도착하자,

"이게 뭐야?"

그때부터 조부모와 손자의 팽팽한 신경전이 시작된 것이다.

"손자 놈이 딴따라를 한대…… 망신살 뻗쳤네."

"사내자식이 계집애처럼 노래나 부르며 살아갈 거냐. 불알 발라 버리자."

할아버지는 기차 화통 불호령 직후 금세 끝나므로 견딜 만한데, 할머니는 던진 얘기를 또 던지고 수도 없이 반복하는 바람에 손자 놈은 그저 풀자루처럼 늘어질 판이었다. 어쨌든 구입한 장비로 골방 음악실부터 만들어야 한다. 한 개에 몇 만 원짜리 방음판은 살 엄두를 낼 수 없었으므로, 대신 가구를 옮기며 공간을 재배치했다. 두꺼운 이불로 병풍처럼 둘러싸고 헌 옷이나 털 인형, 수건과 양말, 가방이나 베개까지 총망라하여 소음의 방출과 대결한다. 그렇게 겨우내 공연 준비를 위한 기초 공간을 만들었다.

제작 정보가 턱없이 부족하므로 보이는 족족 다시 만드는 수밖에 없었다. 기껏 원조의 틀에서 개사를 하고 주류 음들의 조합 정도인데도 그것만으로도 머리가 깨질 정도로 고된 작업이었다. 그

래봤자 복사판 노래는 죽어라고 연습해도 의미가 없다는 걸 안다. 일단 힙합 노래를 새 얼굴로 개조시키는 작업이 관건이다. 음악이나 만화, 체조 같은 개인기 분야에서도 가장 중요하게 갖춰야 하는 게 자기 캐릭터이니, 캐릭터를 갖춘 후에야 심장을 울리는 첫 진동(first beat)이 터질 수밖에 없다. 이제 시작이다. 학교부터 차곡차곡 밟아 나가야 한다.

"노래 동아리 창립을 위한 교내 오디션을 열 수 있도록 허락해 주십시오. 이미 장비도 사 놨고 우리들만의 새로운 노래도 설정했습니다. 직업 훈련소처럼 메마른 학교 분위기에 탄력을 만들겠습니다."

왈짜 제자의 카리스마를 인정하는 학주 노희돈 선생님이 쿨하게.

"기왕지사 학교 축제나 예능 프로그램 기획까지 네가 다 맡아 봐."

그렇게 구두 도장을 받고 테스트 겸 응모자 후배들을 노래방에 데리고 갔다. 랩 버전 〈진달래〉나 마야의 노래 〈못다 핀 꽃 한 송이〉, 혹은 아이돌이나 걸그룹들의 리메이크 버전(remake version)도 부르면서 신바람이 났는데, 영신이 혼자 숨겨진 선수 찾기에 골몰 중이다.

다음 날 교내 선도부장인 그가 아침 조회 시간에 마이크로,

"각 반 대표는 전자과 3학년 2반 교실로 오고, 나머지 학생은 잠시 교실에 대기해 주십시오."

주먹짱 커리어(career) 탓일까, 목소리를 최대한 부드럽게 했는데

넌 아름다운 나비야

도 후배들이 덜덜 오그라든다.

"아, 공지 사항이 있어서 그래요. 걱정 마세요."

머뭇대던 아이들이 그제야 안도하는 분위기다. 전자과 2반 교실로 오디션 희망자 스무 명가량이 들어왔다. 오디션은 자유롭게 깔깔대면서 실시하되 긴장과 서스펜스(suspense)도 혼재되어야 한다.

"이건 교내 음악 동아리가 아니라 자생적인 모임이니까, 꼭 하고 싶은 사람만 지원해라."

노래방에서 찍어 두었던 후배 두 명과 집중력파 몇 합쳐서 아홉 명을 뽑으니 일단 그룹사운드 모양이 갖추어진다. 어쨌든 노래패는 '물 만난 고기'처럼 비늘을 터치기 시작했다. 계발 활동으로 정식 인정을 못 받았지만 여기저기 자투리 시간을 뽑아서 어지간히 꾸려 나갈 수 있었다. 솔직히 선생님들도 영신이의 도움이 필요하긴 했다.

그 학교 야생마들은, 특히 비둘기파 스승의 경우 아무리 '조용히 좀 해라.' 외쳐도 안 먹히기도 한다. 그럴 때 영신이가 쿵, 일어서서 눈꼬리만 내려도 찬물 끼얹은 듯 침묵에 빠지니, 악화가 양화를 구축한다고나 할까. 카리스마가 강한 만큼 동아리 추진에 탄력도 받았고.

청소년 문화센터를 방문하여 타 학교 축제의 공연 티켓도 따내면서 본격적인 홍보가 시작되었다. 음악과 김춘희 선생님도 여기저기 티켓을 따 주서서 본격 행보에 들어가게 된 것이다.

본디 영신이는 두 가지가 자신이 있었다. 하나는 리더십이요, 또하나는 언변이다. 리더십이야 몸만 움직여도 자동빵 정리가 되는 것이요, 언변은 어떤 상황에서도 기죽지 않고 의사를 표현하겠다는 배짱이다. 이제는 눈빛이나 근육의 위압감으로 주목받는 게 아니라 음악을 통하여 눈길을 받는다는 게 행복했다. 출연료 10만 원을 받아 통닭 파티도 하면서 후배들과의 동지애도 돈독해졌다. 확실히 바뀌었다. 예전에는 무시하는 눈빛과 마주치면 매섭게 노려보는 게 순서였는데, 언제부터였나.

'무대에서 열정을 펼쳐 예전의 네 눈빛을 후회하게 만들어 주마.'

'나도 의미가 되는 무엇을 쥐고 있다.'

는 자부심으로 몸이 꽉 차는 것이다. 그런데 이상하다. 몰입할수록 '타인의 인식을 바꾸기보다 자신의 변화가 중요함'을 각인한 것이다. 더 이상 충동적 불장난이 아니다. 어차피 여러 차례 기회를 줄 형편도 아니므로 속도전으로 결정하고 움직여야 한다. 그 후로는 뒷골목 지킴이나 피시방 석고상 노릇을 완전 작파하고 은둔술사처럼 상념에만 빠졌다.

내신 성적이 문제다. 명색이 주먹짱인지라, 공부만큼은 숨어서 해야 체면이 설 것 같다. 갑자기 범생이로 변신할 경우 친구들의 어리둥절하는 눈길이 껄끄러워서 교실을 피하고 하굣길 서둘러

넌 아름다운 나비야

방음벽으로 둘러싸인 골방을 택했다. 내신과 수능을 정면 돌파해야 승부수를 던질 수 있다. 첫 날은 두 시간 몰입도 힘들었는데 나중에는 밤 두세 시까지 책을 보다가 마침내 동이 훤하게 틀 때까지 면벽 자세를 유지하기도 했다. 사춘기 야생마가 착한 책벌레 청소년으로 환골탈태한 것이다. 바닥 치던 성적이 80점, 90점으로 수직 상승하면서 선생님들의 표정도 바뀌기 시작했다.

제가, 지금은 대형 가수가 아니지만

위기도 있었다. Y시 청소년 대회 공연 직전의 사소한 갈등도 그 중 하나이다. 엔지니어에게 리허설을 위해 무심히 시디를 건네며 틀어 달라고 했더니 체격이 장대한 아저씨가 짜증스럽게.

"대충 해도 되잖아. 이런 걸 뭘 리허설을 해…… 힙합인데."

그 말이 서운했다. 그래도 차분하게 마음을 다지며.

"아저씨도 이게 직업인데 출연자에게 할 도리는 해 주셔야죠?"

그 순간 엔지니어가 매섭게 노려보며,

"뭐! 이 싸가지 없는 새끼. 네가 유명 가수라도 돼?"

다혈질 사내가 시디를 던지고 여차하면 한 방 칠 기세로 벌떡 일어났다. 이런 때 어찌해야 하나, 예전 같으면 당연히 드잡이판에 들어갔을 것이나 지금은 마음도 바뀌었고 후배들의 눈도 있으므로 평화적 해결 쪽으로 가닥을 잡는다.

"기분 나쁘게 듣지 마시고요……. 제가 지금 대형 가수는 아니지만, 이승철도 처음부터 이승철은 아니었잖아요. 다 이런 환경을 겪으며 크는 건데 형님 같은 분들이 이런 일 하시는 게 내일의 이승철, 한 달 뒤의 이승철로 만드시기 위한 것 아닙니까."

그는 기가 막히다는 표정이었지만 마땅한 대꾸를 못한 채 헛헛 두리번거린다. 그러더니 주머니에서 담배를 꺼내며.

"너 담배 피우지?"

영신이가 어렵쇼, 어디에 담배 냄새가 배어 있었나, 머뭇머뭇거리자,

"솔직히 말해. 새꺄. 이리 따라와 봐."

'따라와 봐.' 오랜만에 그런 맞장 문장을 만나 '흠칫'할 뻔했다. 그 '따라와 봣.'을 진짜로 따라갔다가 주먹과 발길질이 수도 없이 오고 갔었다. 하지만 이번에는 분위기가 반전되는 느낌이라 일촉즉발은 아닌 것 같아서 쪼끔만 긴장하며 따라갔다. 무대 뒤에서 일대일 상황이 되자 그가 담배 한 개비를 내밀며.

"하나 펴라."

"어떻게 그래요."

피우지는 않고 손에 들고만 있었다. 사내의 험악한 인상이 점차

온화하게 가라앉으면서.

"너를 보니 어렸을 때 생각도 나고…… 네가 괜찮은 놈인 것 같다. 기분은 나빴지만 네가 대드는 내용을 분석하면 내가 대꾸하기가 민망하더라. 너 같은 애들이 많으면 내가 일을 하면서도 보람이 있을 텐데, 솔직히 마음만 '업(up)'된 애들이 벌써 가수라도 된 것처럼 허공에 붕붕 떠다니는 게 걸려서 툭 튀어나왔다. 무대 세팅할 때 즈네는 무대 위에 올라온 '아이돌'이고 나는 뒷받침이나 하는 시다바리 대하듯 퉁퉁 던지는 놈이 있으니까 순간적으로 열이 받쳐서 그러는 거야. 내가 선배 체면상 직접 사과는 안 할 테니 네가 잘 새겨들어서 취할 것 취하고 버릴 것 버려라. 아무튼 오늘 최선을 다하자."

사나이 악수를 청해서 영신이도 손마디에 힘을 꽉 쥐었다.

"형님도 수고해 주세요."

기분이 좋아지면서 그런 생각이 드는 것이다. 노력해서 저 나이의 어른이 되면 진짜 힘찬 가수의 길을 가리라. 나쁜 소리를 들으며 살다 보면 실제로 나쁜 길로 가기 쉬운데 뜻밖의 칭찬이 고래를 춤추게 한다.

어른이 되는 건 왠지 수만 개의 가면을 쓰는 것과 같다. 가면을 잘 쓰는 사람이 성공하고 정직한 사람들은 묵정밭 길에서 괭이질만 할 것 같다. 그러나 노래는 가면이 없다. 영혼의 울림이므로 심장의 고동 그대로 세상을 행복하게 만드는 꿈을 꾼다. 에디트 피아프(Edith Piaf)가 그렇고 밥 말리(Bab Marley), 버글스(Buggles), 윤도현과 강산에가 그렇다.

할머니, 학원 보내 줘요

벗들이 우르르 취업 전선에 뛰어들 때(공업계 학교임), 영신이 혼자 대학 진학 준비를 한다. 외롭지는 않다. 음악(音樂)이 아닌 '음학(音學)'이 목표이므로 산더미처럼 밀려오는 숙제가 더없이 바쁠 뿐이다. 촉박한 시간 안에 모두 해결해야 한다. 그 소도시에는 마땅한 학습 공간이 없으므로 일단 인터넷에서 대전에 있는 '실용음악 학원'을 죄다 찾는다. 좌르르 쏟아지는 모든 자료를 낱낱이 분석해 보니 순식간에 감이 잡힌다.

"할머니, 학원 보내 줘요."

뜬금없는 소리에 할머니는 어이가 없으신지.

"학원 다니라고 경을 읽어도 니 멋대로 때려쳤잖니. 수학 학원도 매달 보름씩은 빠지더니 갑자기 웬 바람이 부셨나요?"

중학교 때 농땡이 경력으로 야단을 치니 말이 막힌다. 그러나 입

벗들이 우르르 취업 전선에 뛰어들 때,

영신이 혼자 대학 진학 준비를 한다.

외롭지는 않다.

음악(音樂)이 아닌 '음학(音學)'이 목표이므로 산더미처럼 밀려오는

숙제가 더없이 바쁠 뿐이다.

촉박한 시간 안에 모두 해결해야 한다.

술을 최대한 위쪽으로 올려 부쳐 반달형으로 생글생글 웃으면서.

"음악 학원 다니려고요."

"요새는 딴따라도 학원 다니며 배우냐?"

"서울의 실용음악과를 가고 싶은데, 거기에 유명한 선생님이 있다고 하니까…… 길면 석 달인데."

2주일 간 도끼 자루를 들이미니 할머니 나무가 빗장을 열어 준다. 이젠 됐다.

음악 학원의 수강 상담 첫 마디는.

"일단 재수할 생각으로 왔겠네요."

"아니요."

단호하게 부인하자, 원장은 표정을 굳히며 차트를 꺼낸다. 지금까지 수강생들의 합격 분포도가 좌르르 펼쳐진다.

"봐요, 2008년에 수강을 시작해도 2010년에 입학하는 게 보통인데…… 저희 입장이야 합격 보장을 내세우며 덜컥 받으면 돈도 벌고 좋지만 이건 쉽게 얘기하기 곤란합니다."

"결정은 제가 하고 책임도 제가 집니다. 이번 입시에 승부를 걸고 만약에 불합격하더라도 모든 건 제 책임입니다."

단순우직 타법으로 밀어붙였으니 이제 폭풍 질주만 남았다. 안 되면 되게 한다.

넌 아름다운 나비야

바로 그 학원에서 우리나라 힙합 1세대 뮤지션 레드 페이스(1981년생)를 운명적으로 만나게 되는 것이다. 서울에서 특별 초빙된 강사를 일주일에 한 번씩 대면하게 되니 그게 행운의 열쇠가 되길 바랄 뿐이다. 그 대형 강사는 입시 지도 시작 전에, 대뜸

"데뷔가 목표냐? 대학이 목표냐?"

"대학은 음악을 위해 서울로 가야 하는 수단입니다."

대답하며 주먹 쥔 채 바르르 떤다. 그가 쥐는 주먹은 이제 위압이나 호신용이 아니라 의지의 표현이다. 까마득히 멀었던 벼랑 끝들이 하나하나 점액질로 채워지며 왠지 가까이 다가오는 것 같다.

9월부터 본격 행보가 시작되었다. 대학 입시는 수시가 아니면 끝장나므로 이제부터는 공연이고 뭐고 학습에만 '모 아니면 도'로 총력 질주다. 편도 시간만 버스로 두 시간 이상을 달린다. 유구에서 대전까지 왕복 여섯 번을 갈아타야 하고 한 시간 가까이 걸어야 하는 가혹한 레이스다.

담임이신 착한 스승 최현 선생님도,

"오전 수업만 할 수 있도록 학교의 절차를 찾아보겠다."

최적의 조건을 만들어 주셨다. 그렇게 왕복 다섯 시간 뮤지션의 길을 치달린다. 학원 문 열리기 전에 계단 옆에서 기다렸다가 실장이 문을 여는 순간 동시에 따라 들어가곤 했다. 출입문에 카드를 찍으면 즉각 수강생의 보호자 휴대 전화로 문자가 들어가는데(일종의 위치추적 감시망) 영신이는 이 문자를 담임 선생님 휴대 전화로도

연결되도록 설정해 놓았다. 자신을 철저히 구속하면서 음악의 수렁에 빠져들기 위함이다. 그렇게 몰입했고 배웠고 땀을 쏟았다.

스물한 살 젊음을 태우는 제자들

그의 벗 조성인은 1학년 때부터 대학 축제를 싹쓸이했고, 김영신은 지금 홍대 입구 젊음의 거리에서 인디밴드로 젊음을 태운다. 스물한 살 그들 모두 연희동 근방의 대학생들이므로 모처럼 창작촌 솔밭으로 부른 것이다. 소주건 맥주건 두꺼비가 파리 넘기듯 넙죽넙죽 잘도 마신다.

젊은 제자들은 말짱하고 초로의 스승 혼자 불그스레한데, 파장 직전 우연히 합석한 최은숙 선생님이 물었다.

"강병철 선생님은 아이들 안 때렸지? 마음이 여리시니까."

"아뇨, 책상이고 등짝이고 장작 패듯이 퍽퍽 때렸지요."

최 선생님이 눈빛이 둥그레지다가 금세 까르르 웃는다.

"선생님 혼자 복도 창문을 바라보시며 '죽여, 살려' 독백하시다가 이를 꼭문 채 '으이그, 내가 참아야지.' 하며 들어오시거든요. 흐흐흐, 다혈질에 반성도 빠르시답니다. 궁금한 것 있으시면 저희에게 물어보셔요. 숨었던 그림들이 모조리 튀어나옵니다."

나는 이 젊은 벗들과

노래방 한번 가보고 싶다며,

말할까 말까 망설이는 중이었다.

스승과 제자는 몇 살 차이까지 노래방 동행이 가능할까,

잠깐 저울질에 빠진다.

풍뎅이 한 마리

창틀에 매달려 부릉부릉

날개 치는 초가을이다.

꿈으로 달리는 아이들

성민아, 성민아!

박일환

얼렁뚱땅 교사의 길로 들어섰다가, 남을 가르치는 일은 아무나 하는 게 아니란 걸 깨닫고 화들짝 놀라 제대로 된 교사의 길을 찾아 더듬거리기 시작했다. 그 와중에 전교조 가입을 이유로 해직되어 길거리 교사가 되어 보기도 했으며, 야간여상에서 교사로서 첫발을 뗀 이후에 여러 학교를 거치는 동안 아이들에게 자주 웃어 주는 일이 가르침 못지않게 중요하다는 걸 알게 됐다. 많이 가르치려 하기보다 많이 부대끼며, 서로가 서로에게 기대 주는 존재가 될 때 학교가 조금은 더 환해질 수 있을 거라고 믿는다. 지금은 개웅중학교에서 국어 교사로 아이들과 만나고 있다.

"선생님, 저도 가도 돼요?"

여느 토요일과 다름없는 날이었다. 수업과 종례까지 마치고 아이들과 함께 교실 청소를 하고 있는데, 한성민이라는 친구가 내 곁으로 오더니 무심한 척 한마디 툭 던졌다. 커다란 덩치를 한 녀석이 정면도 아니고 옆에서 기웃거리며 말을 건네는 모습이 수줍어 보이기까지 했다.

"당연히 되지. 누구든지 가고 싶으면 가는 거야."

그렇게 대답을 해 주고는 하던 청소를 마저 해치웠다. 한성민은 큰 말썽은 없었지만 평소에 옷차림이나 행동하는 게 좀 껄렁하게 보여 학생부에서 요주의 인물로 파악해 두고 있는 학생이었다. 학기 초에 학생 주임이 나에게 주의해서 살펴보라고 넌지시 귀띔을

성민아, 성민아

해 주기도 했으나, 나는 별다른 내색을 하지 않고 다른 아이들과 똑같이 대하고 있었다. 하지만 아무리 눈치가 없다 해도 자신이 학교에서 요주의 인물이 되어 있다는 걸 모르겠는가. 그래서 가고는 싶지만 그동안 학교생활을 충실히 하지 못해서 혹시 담임이 기피하지나 않을까 걱정이 되었던 모양이다.

"약속 시간에 늦지 말고 꼭 와라."

내 말에 고개를 끄덕이고 돌아선 성민이는 다음 날 북한산을 오르기 위해 구파발역에 모인 우리 반 애들 틈에 섞여 나를 기다리고 있었다.

그때가 1989년이었으니, 내 나이 스물아홉 팔팔한 청년 교사 시절이었다. 이제 막 교직 3년 차로 접어들던 때로, 같은 재단 야간 여상에서 1년 동안 담임을 하다 갑작스레 주간 남고로 옮겨와 비담임으로 1년을 지낸 다음 처음 담임을 맡게 된 해이기도 했다.

돌이켜 보면 의욕은 넘쳤으되 여러모로 미숙하기만 했던 시절이다. 당시 우리 반 급훈은 '더불어 사는 학급 공동체'였다. 1980년대 말의 분위기가 물씬 풍기는 글귀라고 하겠는데, 급훈을 공모한다고 했으나 마땅한 응모작이 없어 할 수 없이 담임인 내가 정해 주었다. 다음에는 반가를 만들기로 하고 이번에도 아이들에게 공모를 했다. 몇 작품 들어오지 않은 가운데서 민동진이라는 친구가 응모한 작품이 선정되었다. '상록수'를 개사한 노래였다. 학급 신문도 발행했으나 그 시기는 꽤 늦었다. 순전히 내 게으름 때문이었다.

넌 아름다운 나비야

급훈이나 반가를 정하는 데서부터 아이들의 참여를 이끌어 내고, 그러한 힘을 바탕으로 학급을 자율적으로 이끌어 가고자 했으나 여러 가지로 힘에 부쳤다. 내가 충분히 아이들 곁으로 다가가지 못한 데다, 알게 모르게 내가 강요하는 틀이 있다 보니, 아이들이 자신의 목소리를 내는 게 아니라 담임 입장에 맞춘 목소리를 내기 위해 애쓰는 듯한 모습도 보였다.

답답한 상황을 뚫기 위한 모종의 방법이 필요하겠다는 고민을 하기 시작했고, 일단 아이들과 격의 없이 만나는 시간을 가져야겠다는 생각에서 시작한 것이 '일요 산행'이었다. 몇 차례 다녀오지는 못했지만 그래도 가장 기억에 남는 일이다. 산행을 할 때마다 희망자를 모집해서 갔는데, 한 번에 보통 7~8명 정도였던 것 같다.

성민아, 술은 그렇게 마시는 게 아니야

산에 오르기 전에 우선 가게에 들러 먹을 것을 좀 사고 소주도 몇 병 챙겨 넣었다. 고등학교 2학년쯤 되다 보니 술을 마실 줄 아는 아이들이 꽤 있었다. 그래서 일부러 산행할 때마다 술을 준비해서 아이들과 함께 마시곤 했다. 교장 선생님이나 학부모들이 알면 난리가 날 수도 있는 일이겠으나, 으슥한 데서 몰래 마시게 하는 것보다 터놓고 그런 자리를 마련해 주는 것도 꼭 나쁜 것만은 아니라는 게 내 생각이었다. 자고로 술은 어른 앞에서 배워야 한다고 하지 않았던가.

모든 준비를 마치고 산을 오르기 시작했다. 오래되어 기억이 희미하긴 하지만 4월 어느 날쯤, 햇살도 좋고 산행하기 딱 알맞은 날씨였다. 다들 힘에 겨워하긴 했지만 그래도 흥겨운 마음으로 정상까지 올랐다. 정상에서 소리 몇 번 지르고 내려오는 길에 준비해 온 점심을 먹기 시작했다. 그런데 반주 삼아 한두 잔씩 가볍게 마시려고 꺼내 놓은 소주를 성민이란 놈이 음료수 컵에다 한가득 따르는 게 아닌가!

"야, 뭐하는 거야? 술은 그렇게 마시는 게 아냐!"

나는 놀라고 걱정이 돼서 제지를 했으나 다른 아이들이, "쟤는 원래 술 잘 마셔요. 걱정하지 않아도 돼요." 하면서 오히려 나를 안심시켰다. '그래도 그렇지. 저러다 사고라도 나면…….' 나는 걱정스러운 마음에 괜히 오라고 한 게 아닌가 싶은 불안함을 감추지 못했다. 그러거나 말거나 성민이는 표정 하나 변하지 않은 채 기분 좋게 소주를 비워 내고 있었다.

즐겁게 먹고 마시는 시간까지 끝나고 산을 내려오는데, 성민이는 정말 비틀거리지도 않고 잘도 걸어 내려왔다. 속으로 '대단한 녀석이로군.' 하면서도 혹시 집에 가다 사고라도 치면 어쩌나 하고 마음을 졸여야 했다. 다음 날 교실에서 멀쩡히 앉아 있는 녀석을 발견하고 나서야 안심했던 기억이 난다.

하여간 나는 그런 식으로 아이들과 친해지고 싶었고, 성민이도 나에게 그런 식으로 다가와서 친해지고 싶었을 거다. 어느 정도 세월이 지난 후에 그 시절 북한산에 올랐던 기억을 더듬어 쓴 시가 한 편 있다.

우리가 함께 올랐던 백운대 정상
휘날리는 눈썹 밑으로 펼쳐지던
드넓은 세상을 기억하니?

인간이 얼마나 작고 보잘것없으며
초라한 몰골을 하고 있는지
그 위에선 너무나 쉽게 알 수 있지

지금껏 서로에게 내밀었던
미움과 시기와 협잡의 발톱들이 실은
아스팔트 위에서 풀썩이는 먼지처럼
하잘 것 없는 욕망에 불과하다는 사실

스스로 땅 흘리며

성민아, 성민아

힘겹게 능선을 타고 넘는 동안
저절로 깨우쳐지는 기쁨을
너도 맛보았는지 몰라

한동안 까맣게 잊고 살다가도
세상살이 무거운 짐 한 겹 부려 놓고 쉬노라면
북한산 굽이진 비탈길들
가끔씩 진한 그리움으로 생각난다

　　　　　　　　　　－ 졸시, 〈북한산 굽이진 비탈길〉 전문

비 오는 날의 운동장,
혼자 내달리던 성민아

　한성민과 관련한 이야기를 쓰자니까 또 한 명이 떠오른다. 그 친구 이름은 이성민이다. 성만 다르고 이름이 같아서 더 기억이 나는지도 모르겠는데, 그 친구에 얽힌 장면 또한 잊히지 않는다.
　나는 그날 우리 반 말썽꾸러기 세 명을 점심시간에 운동장으로 모이게 했다. 지각을 했거나, 야자를 빼먹고 도망가다 걸렸거나, 수업 시간에 소란을 피웠거나 하는 일들이었을 거다. 어쩌면 동전

내가 아무리 소리를 쳐도 성민이는 발걸음을 늦출 줄 몰랐다.

내 처사가 마음에 안 들었던 모양으로, 딴에는 오기를 부리고 있는

게 역력했다. 운동장으로 집합을 하라고 일렀던 조회 시간에만 해도

배가 아프다며 빠지면 안 되냐고 졸랐던 녀석이다.

마지막 스무 바퀴를 돌 때까지도

성민이는 뒤도 안 돌아보고 혼자 내달렸다.

치기를 하거나 담배를 피우다 걸렸는지도 모를 일이다. 아이들이 저지르는 잘못이란 게 대개 그런 것들 아니겠는가. 사소한 일들이긴 하지만 그런 게 쌓이고 쌓여 담임의 부아를 치밀게 하기도 한다. 예를 들면, 하도 급한 사정이 있다기에 야자(야간 자율 학습)를 빼 주었더니 30분도 안 돼 학교 앞 당구장에서 학생부 선생님에게 걸려서 잡혀 오는 경우 같은 것들이다. 그럴 때의 배신감이라니!

어쨌거나 아이들에게 꼭 집합하라 일러 놓고 오전 수업을 했다. 그런데 하필 점심시간이 되기 전부터 비가 주룩주룩 내리는 게 아닌가. 예상치 못한 상황에 어떻게 할까 잠시 망설였지만 비 때문에 취소하면 아이들에게 나약한 모습을 심어 주는 꼴이 될 것 같아 그냥 강행하기로 했다. 비는 점점 세차게 내리기 시작했고, 운동장 스탠드 아래 세 명의 아이들이 비를 맞으며 서 있었다. 나 역시 비를 맞으며 운동장으로 나갔다. 너무한다 싶은 표정을 짓고 있는 아이들을 바라보며 짐짓 아무렇지도 않은 척 말을 했다.

"자, 가볍게 운동장 스무 바퀴만 도는 거다. 마침 비도 오고 하니까 시원하고 좋을 거야. 나도 함께 뛸 테니 처지거나 앞서지 말고 서로 발맞춰 뛰는 거다. 알았지?"

그렇게 다짐을 박아 놓고 우리 넷은 빗속을 내달리기 시작했다. 나는 체력이 썩 좋은 편은 아니지만 끈기는 제법 있는 편이다. 그래서 단거리는 빨리 뛰지 못해도 장거리는 웬만큼 뛸 수가 있다. 그런 자신감을 가지고 아이들과 함께 보조를 맞춰 가며 뛰었다.

넌 아름다운 나비야

"야호, 잘한다. 멋지다."

"창모야! 빨리 뛰어!"

"야, 헥헥거리지 말고 담배 좀 끊어."

교실 창문마다 고개를 내민 아이들이 빗속을 내달리는 우리를 보고 함성을 질러댔다. 제법 굵은 빗줄기가 죽죽 내리긋는 운동장을 네 명의 건각(?)들이 발맞추어 돌고 있는 모습이 얼마나 신기하고 재미있었을까? 창문 밖으로 고개를 내민 친구들의 응원 소리가 귓전에 쟁쟁거렸다. 그러거나 말거나 우리는 죽을힘을 다해 뛰었다.

"형주, 뭐하냐? 빨리 따라와!"

"창모도 너무 느리다. 벌써 헐떡거리는 거야?"

몇 바퀴 지나지 않아 두 녀석이 자꾸만 뒤로 처졌다. 내가 빨리 뛰라고 재촉을 해도 발걸음이 따라와 주질 않는 모양이었다. 그에 반해 성민이는 내가 천천히 뛰라고 해도 못 들은 척 저만치 혼자 앞서 달렸다.

"얌마, 이건 달리기 시합이 아냐. 친구들하고 같이 가야지."

내가 아무리 소리를 쳐도 성민이는 발걸음을 늦출 줄 몰랐다. 내처사가 마음에 안 들었던 모양으로, 딴에는 오기를 부리고 있는 게 역력했다. 운동장으로 집합을 하라고 일렀던 조회 시간에만 해도 배가 아프다며 빠지면 안 되냐고 졸랐던 녀석이다. 마지막 스무 바퀴를 돌 때까지도 성민이는 뒤도 안 돌아보고 혼자 내달렸다. 그렇게 운동장을 다 돌고 난 다음 물에 빠진 생쥐 모양을 한 채 녀석들

성민아, 성민아

은 교실로, 나는 교무실로 돌아왔다.

그 뒤로 아이들의 태도가 달라졌는지 어쨌는지는 별로 기억에 없다. 다만 입술을 꽉 다물고 줄곧 앞서 달려가던 성민이의 모습만은 생생히 떠오른다.

그날 점심시간
너희들과 내가 비 오는 운동장을
열 바퀴, 스무 바퀴 돌고 있을 때
창문마다 환호하던 아이들이
너는 무척이나 창피했겠지
아프다던 것도 잊어버린 듯
창모와 형주를 떼어 놓은 채
너는 오기로 계속 앞서 달려나갔고
힘차게 발을 내뻗을 때마다
사방으로 튀어 오르던 흙탕물
너희들과 나는 왜
비 오는 운동장을 하염없이 내달렸을까?
너는 왜 줄곧 입술을 꽉 다문 채
뒤도 돌아보지 않고 달아나려고만 했을까?
그날, 등줄기에 내리꽂히던 서늘한 감촉을
너와 내가 잊지 않는다면

너 아름다운 나비야

그리고 너의 그 오기가

이 세상을 버텨 내는 힘줄 펴련

뚝심으로 살아 있게 된다면

먼 훗날

어느 길모퉁이에선가 서로 만나

정겹게 술 한잔 나눌 날 있을 것이다

　　　　　　— 졸시, 〈비 오던 날의 기억—이성민에게〉 전문

　그로부터 벌써 20여 년이 훌쩍 지났으니 두 성민이와 있었던 다른 사소한 일들은 기억나지 않는다. 내가 학교를 떠나온 이후 서로 만난 적이 없는 탓에 지금은 얼굴마저도 어렴풋할 따름이다. 다만 그 무렵 공책에 써 두었던 시가 용케 지금까지 남아 그날의 우중 달리기에 대한 추억을 일깨워 주곤 한다.

졸업 앨범 하나만 얻을 수 있을까요

　그해에 교실에서 만난 우리 반 아이들에게 나는 많은 죄를 지었다. 당시에 나는 교원노조 건설 싸움의 한복판으로 달려가고 있었다. 퇴근 후에는 거의 매일 지역교사협의회 사무실을 향해 종종걸음을 하거나 내가 근무하던 학교 교사들과 소모임을 하며 교육 민주화에 대한 열망을 키워 나갔다. 그러는 와중에도 사립 학교라는 특성상 재단의 부조리한 행태에 맞서 싸워야 했고, 젊은 혈기는 교장이나 이사장의 횡포를 용납하지 못했다. 그러다 보니 늘 피곤했고, 쉬는 시간이면 교무실 책상에 엎드려 있기도 했다. 자연히 아이들에게 쏟아 부어야 할 시간과 정성이 부족했다. 학급에 문제가 있어도, 상담이 필요한 아이가 있어도 차분히 들여다보고 얘기를 나누지 못했다. 머릿속에 그려 놓은 그림들은 많았지만 무엇 하나 제대로 완성하지 못한 채 1학기가 지나갔고, 그해 여름 방학이 끝나기 전에 나는 교원노조에 가입하고 탈퇴하지 않았다는 이유로 직권 면직을 당해 학교에서 쫓겨난 신세가 되어 있었다.

2학기 개학 첫날, 함께 쫓겨난 선배 교사 한 분과 나는 교무실로 갔다. 노조에서는 출근 투쟁을 하라고 했으나, 우리 둘은 출근 투쟁을 하지 말자고 의견을 모았다. 언젠가는 다시 돌아올 텐데, 출근 투쟁 과정에서 남아 있는 교사들과 몸싸움을 하면서 감정을 다치고 싶지는 않았다. 그래서 간단히 작별 인사만 하고 나오기로 학교 측과 합의를 보았다. 교무실에서 전체 교사들에게 마지막 인사를 하고 교실로 올라갔다. 저 멀리 내가 담임을 맡았던 '2학년 6반'이라고 적힌 교실 팻말을 보며 하고 싶은 말을 이리저리 마음 속으로 굴리는 동안 어느새 발길은 교실 문 앞에 도착해 있었다. 아이

넌 아름다운 나비야

들은 아무도 말이 없었고, 나는 떠듬떠듬 몇 마디 준비한 말을 했다. 1년 동안 온전히 책임져 주지 못해서 미안하다, 새로 임명된 담임이 내가 부족했던 부분까지 잘 채워서 이끌어 주실 것이다, 언젠가는 새로운 길모퉁이에서 반갑게 다시 만나게 될 것이다, 그런 말들을 두서없이 늘어놓았을 것이다.

그 아이들이 졸업할 때까지 나는 여전히 아스팔트 위의 교사로 생활해야 했고, 그 후에도 한참의 시간이 지나서야 교단으로 돌아올 수 있었다. 그것도 반드시 돌아오고야 말겠다고 다짐하던 장훈고등학교, 내가 교사로 첫발을 떼었던 곳이 아니라 공립 학교로 발령을 받아야 했다. 그렇게 장훈고등학교와 나의 공식적인 인연은 끝이 났다.

"선생님, 이번 졸업생들 앨범 한 권 남는 게 있으면 얻을 수 있을까요?"

내가 맡았던 아이들이 졸업하던 해에 나는 평소 친하게 지냈던, 아니 나 혼자 친하게 지냈다고 믿었던 주임 교사 한 분을 찾아가 조심스럽게 부탁을 건넸다. 비록 내 힘으로 졸업을 시키지는 못했지만, 더구나 한 학기밖에 가르치지 못했지만, 내가 마지막으로 만났던 아이들의 얼굴 사진이라도 간직하고 싶었다. 그렇게라도 해서 잊지 않고 싶었다. 하지만 돌아온 대답은 남은 게 없다는 매몰찬 거절의 말이었다. 남은 앨범이 없어서라는 건 뻔한 거짓일 테지만, 그래서 너무한다 싶었지만, 그런 일로 실랑이를 하고 싶지는 않았다.

성민아, 성민아

한 사람의 열 걸음보다
열 사람의 한 걸음을

해직을 당한 다음 해 봄, 나는 오래 사귀던 여자와 결혼을 했다. 식장은 내가 다니던 학교 가까운 곳에 있었다. 그래서인지 몰라도 결혼식장으로 생각보다 많은 제자들이 몰려와 떠들썩한 잔치 분위기를 만들어 주었다. 내가 담임을 맡았던 반 아이들은 '한 사람의 열 걸음보다 열 사람의 한 걸음을'이라는 글귀가 새겨진 반티를 입고 나와 축가로 우리 반 반가인 '상록수'를 불러 주었다. 식을 마치고 신랑 신부가 퇴장할 때는 한 친구의 선창으로 전교조 조합가나 다름없던 〈참교육의 함성으로〉라는 노래를 불러 주기도 했다. 그때 결혼식장에서 찍은 단체 사진 속에 우리 반 아이들의 얼굴이 박혀 있다. 비록 졸업 앨범은 구하지 못했지만, 그때 찍은 사진들이 있어 그나마 다행이라는 생각을 한다.

생각해 보니 결혼 이후 간혹 꺼내 보던 사진첩을 들여다본 지도 꽤 되었다. 결혼에 얽힌 추억도 추억이지만 오늘은 내가 끝까지 챙겨 주지 못해 늘 미안했던 2학년 6반 아이들의 얼굴을 보기 위해서라도 묵은 사진첩을 꺼내 보아야겠다. 이름마저 가물가물하지만 한 명 한 명 얼굴이라도 짚어 보아야겠다.

넌 아름다운 나비야

성민아, 성민아!

그날의 일들을 기억하고는 있을지 모르겠다.

혹 잊었는지 모르겠지만,

잠시 추억의 영사기를 뒤로 돌려 보면

우리가 함께했던 그 시절이 어렴풋 떠오르기도 할 거야.

열여덟 청춘이던 너희들 나이도 어느새 마흔을 넘겼겠구나.

각자 가정도 이루었을 테고,

사는 게 힘겹다고

퇴근길에 소주 한잔 기울이고 있을지도 모르겠다.

어때,

오늘은 나와 함께 옛이야기 나누며

정겹게 술 한잔 나누러 찾아오지 않으련?

성민아, 성민아

선생님은 결혼하면
이혼하지 마세요

정수희

세상을 바로 볼 수 있는 밝은 눈과, 아닌 것을 아니라 말할 수 있는 입, 상처받은 이를 보듬는 따뜻한 손을 가지기를 바라는 선생님. 눈으로 읽을 수 있는 모든 것을 다 읽어야 직성이 풀리는 지독한 문자 중독증을 앓고 있으며, 책을 통해 아이들과 소통하는 것을 좋아한다. 아이들의 손때 묻은 100여 권의 학급 문고와 10권의 학급 문집은 든든한 버팀목이다. 새로운 것을 배울 때 눈이 빛나며, 배워서 남 줄 수 있는 직업을 가져 행복한 그는 국어 교사다. 광주 송정중학교에 첫 발령을 받고, 효광중, 치평중을 거쳐 지금은 신가중학교에서 아이들을 만나고 있다.

월드컵의 열기가 뜨겁던 2002년, 대학을 갓 졸업하고 스물넷 어린 나이에 중학교 국어 선생이 되었다. 대부분의 신규 교사들이 그렇듯, 도시 외곽의 비선호 지역 학교에 발령을 받았다. 가정 형편이 좋지 않고 한부모 가정도 많은 곳. 사랑과 관심에 목마른 아이들이 많은 곳이었다. 그만큼 선생님들에게 살갑고 정이 많기도 했다.

첫해는 비담임으로 국어 교과만 가르쳤다. 2년 차에 중학교 2학년 담임을 맡고 설레어 잠을 못 잤다. 밤에 자려고 누우면 아이들이 보고 싶어 빨리 날이 밝아 학교에 갔으면 하고 바라기도 했다. 열정 넘치던 신규 시절이니 가능한 감정이기도 했다. 그 아이들을 데리고 다음 해에 3학년에 올라갔다. 2년을 내리 만나니 아이들과

선생님은 결혼하면 이혼하지 마세요

의 관계도 더 돈독해졌다.

결혼하고 아이를 낳고 키우는 요즘 생각나는 제자가 있다. 예나와 소망이. 2004년 중3을 맡았을 때의 아이들이다. 9년 전이니 어느새 시간은 흘러 내가 그 아이들을 만났을 때 즈음의 나이가 되었겠다. 그 녀석들은 어떤 빛깔과 향기를 지닌 사람으로 성장했을까.

소망아, 왜 사복을 입고 학교에 왔어?

남의 중병보다 내 고뿔이 더 아프다고, 크건 작건 누구나 자신만의 고민을 지니고 살아간다. 아이들도 그렇다. 한 명 한 명 자세히 들여다보면 아프지 않은 아이가 없다. 하지만 한 반 40여 명의 아이들을 상대해야 하는 교사의 처지에서는 눈에 드러나는 문제를 일으키는 아이에게 더 관심이 가게 마련이다. 조용하고 얌전한 아이들과는 몇 마디 이야기도 못 하고 한 학기가 지나갈 때도 있다.

소망이가 그랬다. 1학기 때는 전혀 눈에 띄지 않았다. 당시 남녀 합반이었는데, 남자 아이들은 좀 어리고 순진했지만 장난이 심하고 말이 많았다. 우리 반 학급 문집 제목이 '우린 죽어도 떠든다'였으니 반 분위기를 능히 짐작할 수 있을 것이다. 반면에 한창 사춘기 반항을 일삼는 건 감성 충만하고 드센 여학생들이었다. 들어오는 교과 선생님들과 마찰을 일으키거나, 거짓말을 하고 수업 땡땡이를 치는 것도 여학생들이었다. 그런 틈바구니에서 조용히 학교 생활 잘하는 소망이는 그저 내 힘을 좀 덜게 해 주는 고맙고 착한 아이였을 뿐이었다. 그런 소망이가 문제를 일으킨 것은 2학기 시작부터였다.

소망이는 여름 방학이 끝나고 개학하는 날, 교복이 아닌 사복을 입고 학교에 왔다.

"소망아, 왜 사복을 입고 학교에 왔어? 개학인 거 깜박하고 교복 안 빨아 놨어?"

농담이랍시고 건넨 말에 소망이는 심각한 표정으로

"어제 엄마랑 아빠가 싸우셔서, 집에서 못 잤어요. 예나 집에서 자고 학교 오느라 교복 못 입고 왔어요."

라고 답했다.

아빠가 엄마를 심하게 때려서 엄마는 집을 나갔고, 소망이도 집을 나온 것이었다. 집을 나와 같은 반 친구인 예나 집에서 자서 사복을 입고 올 수밖에 없었다고 했다. 소망이는 아빠가 무서워 계속 집에 들어가지 못하겠다고 했다. 게다가 아빠가 학교로 찾아올까 봐 쉬는 시간에는 보건실에 숨어 지냈다. 역시 며칠 후 아이의 아빠는 학교로 찾아왔다. 수업 시간에 갑자기 교실로 와서 소망이를 찾았다고 했다. 소망이는 수업 받는 중간에 텔레비전 뒤로 숨어 아빠를 피했단다.

일주일이 넘는 동안 소망이는 예나 집에서 학교를 다녔다. 소망이가 들려준 집안 사정은 정말 좋지 않았다. 초등학교 때 부모님은 이미 이혼하셨지만, 그 후로도 싸움은 계속되었다고 했다. 물론 일방적으로 엄마가 맞았고, 소망이도 어릴 때부터 아빠에게 자주 맞았다고 했다. 지속적인 폭력에 노출된 아이는 엄마도 없는 집에 들어가 아빠와 지내는 것을 무서워했다.

소망이, 예나와의 1박 2일

그때 나는 조그만 원룸에서 자취를 하고 있었다. 할 줄 아는 음식도 별로 없었지만 소망이와 예나에게 따뜻한 밥 한 끼 해 먹이고 싶었다.

"소망아, 예나야 오늘은 선생님 집에 가서 저녁 먹고 같이 잘까?"

둘은 아주 좋아했다.

"근데, 선생님이 할 줄 아는 게 별로 없어서 맛있는 건 못 해 주는데 괜찮겠어?"

예나는 소망이와 달리 밝은 성격에 구김 없어 보이는 모습이었는데

그건 겉으로 보이는 모습일 뿐이었다.

예나는 그동안 새엄마한테 구박받은 이야기,

맞은 이야기, 서러웠던 기억들을 쏟아 냈다.

이야기를 듣다가 울먹이는 예나와 함께 펑펑 울고 말았다.

"그럼, 저희가 요리할게요. 저 요리 잘 해요."

제일 자신 있는 김치찌개를 끓이고 달걀 프라이를 한 소박한 밥상을 앞에 두고 셋이 맛있게 먹었다.

밥상을 물리고 TV를 보는데, 이혼한 가정 이야기가 나왔다. 그걸 보면서 아이들이 무심히 말을 던졌다.

"선생님은 결혼하면, 이혼하지 마세요. 이혼하면 우리처럼 불쌍한 애들 생겨요."

담담하게 말했지만 나는 가슴이 아팠다. 어린 마음에 얼마나 많은 상처를 안고 있는 것일까. 소망이뿐 아니라 예나 사정도 좋은 것은 아니었다. 예나도 초등학교 때 부모님이 이혼을 하고, 아빠가 재혼을 해 새엄마와 지내고 있었다. 새엄마는 예나를 자주 때리고 구박했다고 한다. 예나는 소망이와 달리 밝은 성격에 구김 없어 보이는 모습이었는데, 그건 겉으로 보이는 모습일 뿐이었다. 예나는 그동안 새엄마한테 구박받은 이야기, 맞은 이야기, 서러웠던 기억들을 쏟아 냈다. 이야기를 듣다가 울먹이는 예나와 함께 펑펑 울고 말았다.

"그래도 그런 환경에서 엇나가지 않고 잘 커 줘서 고맙다."

며 예나를 안아 줬다. 옆에서 듣고 있던 소망이는

"선생님, 저보다도 예나가 더 불쌍해요. 예나는 새엄마한테 맞는 거잖아요."

라며 자신보다 친구를 더 걱정했다.

넌 아름다운 나비야

예나와 소망이의 아픔이 남의 일 같지 않은 것은 내 어릴 적을 보는 것 같아서였다. 아빠의 지긋지긋한 폭력은 어린 시절 나에겐 큰 상처였다. 아빠는 자신의 억눌린 분노와 마음먹은 대로 되지 않는 현실의 무게를 술로 풀었고, 술을 마시면 폭력을 썼다. 어른이 되고 나서도 한동안은 큰 소리로 말을 하는 남자만 봐도 무서워서 눈물을 흘리곤 했다.

어릴 때는 《클로디아의 비밀》이라는 책을 읽고 가출을 결심하기도 했었다. 엄마가 자신을 미워한다고 생각한 클로디아가 남동생과 함께 가출을 해서 박물관에서 지내는 이야기였던 것으로 기억한다. 물론, 가출하지 말라는 내용의 책이었지만 책을 내 맘대로 읽은 나는 동생을 꼬드겨서 가출을 계획했다. 하지만 엄마 때문에 그만뒀다. 우리가 없으면 엄마가 더 힘들어질 것이라는 생각이 들었다. 아마, 엄마도 길고 긴 고통의 시간을 나와 동생 때문에 견뎠을 것이다.

소망아, 괜찮은 거야?

소망이가 계속 예나 집에서 학교를 다닐 수는 없는 노릇이었다.

소망이는 엄마와 살고 싶어 했다. 소망이 엄마에게 계속 연락을 해 봤지만 통화가 되지 않았다. 남편을 피하기 위해 소망이와도 연락을 끊은 상황이었다. 그러던 중 겨우 연락이 닿았다. 소망이가 집을 나와 친구 집에서 지내고 있고, 아빠가 무서워 집에 못 들어가고 있다, 엄마와 살기를 원한다, 힘들겠지만 소망이를 데리고 가는 것이 어떻겠느냐는 말을 전했다. 그리고 전학을 알아봤다. 원래 같은 학군 안에서는 전학이 불가능하지만 가정 폭력의 경우 주소지 변경 없이 전학이 가능하다고 했다.

소망이 엄마와는 전학에 관한 이야기를 끝내고 소망이에게 물어봤다. 하지만 소망이는 싫다고 했다. 엄마와 사는 것은 좋지만 전학은 가기 싫다고 했다. 중학교 3학년 2학기 때라 전학을 가서 새로운 환경에 처하는 것이 싫은 듯했다. 전학을 가지 않으면 해결되지 않을 문제였지만 소망이는 계속 싫다고 했다. 일단, 전학은 보류하고 소망이는 엄마 집으로 들어갔다. 아이가 엄마랑 지내면서 군이 전학을 가지 않더라도 일은 해결되는 듯했다. 소망이 아빠는 아이를 포기한 듯했고, 소망이는 엄마와 지내면서 안정된 모습을 보이는 것 같았다. 하지만 그것이 끝이 아니었다.

추석이 끝나고 난 바로 다음 날, 소망이 아빠에게서 문자가 왔다. 전학을 보내기 위해 필요한 서류를 준비해서 학교로 찾아오겠다고 했다. 이미 소망이 주소지를 자신이 일하고 있는 창원으로 옮겨 놨으며 전학만 시키면 된다는 것이었다. 깜짝 놀라서 바로 전화

넌 아름다운 나비야

를 했다.

"전학을 보내겠다구요? 아이가 지금 엄마랑 같이 살고 있고, 학교도 잘 다니고 있어요. 제가 보기엔 아이가 여기 있는 것이 더 좋을 것 같습니다."

한참 말하고 있는데, 화를 버럭 내더니

"아니란 말이요. 아이 엄마랑 살고 있는 거 아니란 말이요!"

라면서 전화를 뚝 끊어 버렸다. 당황스러웠다. 소망이는 아빠가 무섭다고 학교에 안 나오고 이틀을 보냈다. 토요일에 아이를 불러서 물어봤더니, 아빠가 월요일에 전학 수속하겠다고 했단다. 답답한 마음에 행정실에 물어보니 이혼한 경우 친권자에게 모든 권리가 있다고 했다. 아이의 친권자는 아빠이기 때문에 아이 아빠가 요구를 하면 어쩔 수 없다고 했다. 소망이 아빠는 소망이에게 전화를 해서, 창원에 가서 학교를 다니든 말든 그건 네가 알아서 할 일이니까 전학이나 하라고 했단다.

전학을 시키겠다고 한 월요일이 지나고 며칠이 되도록 소망이 아빠는 나타나지 않았다. 화가 나서 엄포성으로 한 말인 듯싶어 마음을 놓고 있었다.

중간고사가 시작됐다. 시험 마지막 날 아침, 소망이 아빠가 교실에 나타났다. 방금 행정실에 전학 서류를 냈다고 했다. 당황스러웠다. 그저 일이 잘 되겠지, 하는 심정으로 막연하게 대처하다 큰코 다친 격이었다. 그 상황에서 내가 할 수 있는 일이라곤 시간을

선생님은 결혼하면 이혼하지 마세요

버는 것밖에 없어 보였다.

"아버님, 오늘이 시험 마지막 날이니, 시험은 보고 전학을 해야 하지 않겠습니까?"

"필요 없단 말이오! 알아서 하쇼!"

라며 막무가내로 소망이를 데리고 나가 버렸다.

아빠를 따라가는 소망이의 처진 어깨가 안쓰러웠다. 소망이는 두려움에 떨면서 주눅이 든 자세로 나에게 힐끗 열쇠를 맡겼다. 엄마랑 같이 살고 있는 집 열쇠라면서 자기는 꼭 돌아오겠다고 했다.

그날 새벽 두 시, 전화가 걸려 왔다. 소망이였다.

"소망아, 이 시간에 무슨 일이야."

"선생님, 집에서 나왔어요. 다 놔두고 나와서 지나가는 사람에게 휴대 전화 빌려서 전화하는 거예요. 저 좀 데리러 오세요."

다급한 목소리였다. 아빠에게서 도망쳤다고 했다. 우선 아이를 진정시켰다. 아이는 월곡동 파출소에 숨어 있다고 했다. 택시를 타고 경찰서 앞에 가자, 소망이 아빠가 경찰서로 들어가고 있는 것이 보였다. 경찰서에 전화를 해서, 자초지종을 설명하고 경찰을 몰래 만나, 뒷문으로 아이를 빼낸 다음 집으로 데리고 왔다.

소망이 아빠가 소망이를 데리고 바로 창원으로 간 줄 알았는데 사실은 아이 엄마를 찾으러 간 것이었다. 소망이를 미끼로 엄마를 찾으려는 속셈이었나 보다. 소망이 엄마는 이 사실을 알았는지 집에 안 들어왔고, 소망이는 아빠가 엄마를 또 때릴까 봐 겁을 먹고 있었다.

새벽 3시부터 다음 날 아침까지 계속 전화가 왔다. 소망이 아빠였다. 무섭기도 하고, 피해 있는 것이 좋을 것 같아 전화를 받지 않았다. 점심을 먹고 오후쯤 되어 통화를 했다. 소망이 아빠는 소망이 엄마에게 아이를 맡길 수 없다는 이야기를 한참 동안이나 했다. 그리고 소망이를 만나고 싶다고 했다.

"얘기 하실 것이 있으면 내일 학교에서 하세요."

"내가 내일은 창원 가서 일을 해야 한단 말이오! 나 일 못 하게 하려고 하는 것이오! 내가 내일 학교 가면 가만히 있을 줄 알아? 엎어 버릴 거야. 당신이 애 책임질 거야? 돈 내서 학교 보낼 거냐고?"

"흥분하지 마시고 이야기 하세요."

"흥분 안 하게 생겼어? XXX."

"어쨌든 아이가 무서워하니까 못 나가겠습니다."

"전학 수속까지 끝났는데 어떻게 하겠다는 거야? 그럼, 경찰서에서 이야기를 하게 나오란 말이오!"

이미 전학은 결정되었기 때문에 소망이가 아빠를 피해 다니기만 한다면 졸업은 못 하게 될 것이다. 아빠가 무섭다고 언제까지 피해 다닐 수도 없었다. 가장 좋은 방법은 소망이를 엄마에게 맡기는 것인데, 계속 연락 두절 상태였다. 소망이의 이모와 통화를 했지만 소망이를 떠맡으라고 할까 봐 발뺌하기 급급했다.

선생님은 결혼하면 이혼하지 마세요

"내가 뭐라고 하겠어요……."
는 말만 계속 했다. 답답했다.

경찰서 앞에서 소망이 아빠와 만났다. 소망이가 아빠를 무서워하고 있으며 창원으로 전학을 가기 싫어한다, 아이의 의사를 존중해 달라고 말했으나 여전히 막무가내였다. 나와 이야기를 하다 화를 참지 못하고 자신의 휴대 전화를 던져 박살을 낸 뒤 아이를 차에 태우고 가 버렸다.

새벽에 집을 뛰쳐나와 도움을 청했는데, 나는 다시 고스란히 아이를 내주고 말았다. 무기력한 내 모습에 화가 났다. 연락이 되지 않는 소망이 엄마를 원망했다가, 아이 생각은 조금도 하지 않는 아이 아빠를 미워했다가, 대화로 설득하면 말이 통할 것이라고 생각한 순진한 나를 탓하기를 반복했다.

월요일 소망이가 전화를 했다. 아빠와 같이 창원으로 가는 버스 안이라고 했다.
"소망아, 괜찮은 거야?"
다급하게 묻는 나에 비해,
"아직은…… 괜찮은 거 같아요."
차분한 목소리로 말했다.
"그래. 소망아, 무슨 일 있으면 바로 전화해. 알았지? 일 없어도 자주 전화하고."

라는 말로 지켜 주지 못한 죄책감을 없애 보려 노력했다.

그리고 다음 날 소망이가 문자를 보냈다. 자기는 괜찮으니까 걱정 그만하라고. 아빠랑 이야기하면서 무서운 게 조금 나아졌다고도 했다. 호적을 엄마 앞으로 해 주기로 약속도 했다고 한다.

소망이가 더 이상 다치지 않고 아파하지 않고, 꿋꿋하게 살아갈 수 있길 빌었다. 그 문자를 마지막으로 소망이의 소식은 끊겼다. 고등학교 진학은 잘 했는지, 이제 엄마와 살게 되었는지, 아빠의 폭력은 줄었는지는 알 수 없었다.

상처 입은 가슴을 다 껴안지는 못할지라도

2008년 봄바람이 살랑살랑 불던 4월 초, 반창회를 한다는 전화가 걸려 왔다. 그 아이들이 대학생이 되던 해였다. 그 사이에 키가 훌쩍 커 버린 남학생에, 철이 든 여학생까지 십여 명이 모였다. 대학생이 되어 술 한 잔씩 하며 중학교 때 이야기로 시간 가는 줄 몰랐다. 서울로 대학을 가서, 고등학교 졸업하고 바로 취업을 해서 그 자리에는 못 나왔지만 전화 통화로 안부를 묻는 녀석들도 있었다. 하지만 예나와 소망이의 소식을 알고 있는 사람은 없었다.

소망이 일을 겪으면서,
선생으로서 내가 할 수 있는 일이
그렇게 많지 않다는 것을 깨달았다.
그저,
아이들의 이야기를 귀담아 들어주고,
같이 아파해 주고,
이해해 주는 정도가 최선이라는 생각이 들었다.
아이들의 가슴 아픈 사연을 하나하나 듣진 못하더라도,
상처 입은 가슴을 다 껴안지는 못할지라도,
최소한 아이들이 정을 붙일 수 있는 넓은 가슴을
가질 수 있길 바라면서 십 년을 살아왔다.
어떤 어른으로 성장했는지 알 수 없지만,
어디선가
예나와 소망이도 씩씩하게
자신의 삶을 살아가고 있을 것이라고 믿는다.

넌 아름다운 나비야

어머니의 마음으로
부르는 아이들

김영호

늘 아이들과 스스럼없이 어울려 기꺼이 친구가 되고자 하며, 똑똑하고 잘난 아이들 틈새에 가려진 힘겹고 지친 아이들을 찾아내 작은 버팀목이 되고자 애쓰는 선생님이다. 이젠 할아버지가 되고 성긴 머리숱으로 애잔한 모습이지만, 잘못된 관행의 개선에 앞장서고 불의에 분노할 땐 여전히 젊은이다. 장애인 야간 학교 봉사 등을 꾸준히 하며 주위의 작은 자들과 함께하는 삶을 살고자 한다. 지금은 대전 보문고등학교에서 국어 교사로 아이들을 만나고 있다.

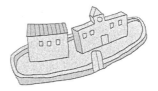

최근에 어머니가 떠나셨다. 어머니는 일제 강점기에 태어나 학교 문턱도 가 보지 못한 까막눈으로, 6남 1녀를 낳아 기르며 모진 세월을 살아오셨다. 가난했지만 자상하셨던 외할아버지가 몹시 예뻐하셔서 '예삐'라고 불리다 '박예비'로 호적에 올랐고, 일본에 징용으로 끌려갔다 극적으로 탈출해 돌아온 과부의 아들을 남편으로 만나 깐깐한 시어머니에게 호된 시집살이도 하셨다. 평생 책을 가까이하신 아버지께 무식하다 타박을 받으며 욱하는 성격으로 티격태격 싸우다 '오가리 개 패는 소리.'라는 핀잔을 들으며 두 분이 격랑의 시절을 헤쳐 오셨다.

하지만 어머니가 겪은 삶을 돌이켜 보면, 세상이 온통 '두려움'이었으리라 짐작된다. 글자도 숫자도 모르니 혼자서는 버스도 타지

어머니의 마음으로 부르는 아이들

못하고 전화를 하지도 못하였으니 혼자되는 게 얼마나 무서웠겠는가! 거기다 넉살도 없으니 남에게 묻지도 못하고 혼자 낑낑대다 보면 생 똥이 나오고 마는 것이었다. 그래서 집안에 큰일이 생기거나 어머니가 갑작스레 다치거나 하면, 우리 자식들은 먼저 어머니 용변을 처리하는 게 순서였다.

이렇게 두려움 많던 어머니가 아버지를 앞세우신 뒤 시골집이 무섭다며 자식들이 있는 대전으로 와 형네 집에 계시다가, 골다공증으로 넘어져 여러 차례 받은 수술로 휠체어를 탄 채 몇 년을 지내셨다. 그러다가 끝내는 기저귀를 차고 자식들 수발을 받다 한 줌 재가 되어 아버지 곁에 묻히셨다. 정읍 선산의 양지쪽에 곧게 자란 큰 소나무 밑동, 5년 전 아버지 유골을 묻은 곳 옆에 함께 잠드셨으니 또다시 '오가리 개 패는 소리.'란 핀잔을 들으며 두 분이 시비를 벌이느라 고요한 산속의 평화가 깨지지나 않을지 모르겠다. 아니, 이제는 두 분이 오순도순 다독이며 맞은편 정읍사 박물관에서 울리는 동편제 판소리 가락에 흥겹게 추임새를 맞추실 게다.

어머니의 장례를 수목장으로 치른 뒤 가족들이 한자리에 모여 새삼 어머니의 마음을 떠올리며, 어머니 살아 계실 때 늘 마음 아파하던 자식을 돕는 게 돌아가신 어머니의 뜻을 따르는 일이라는 데 마음을 모았다. 동생들 중 가난 때문에 치과 치료조차 못 받아 제대로 밥도 못 먹던 동생에게 치료비를 대 주기로 한 것이다. 그 동생의 어려움을 어머니가 아셨다면 가장 안타까워하셨을 것이 분명하다. 이 과정을 겪으며 잘난 자식보다 못난 자식 생각에 늘 애타는 어머니의 마음이, 수많은 제자들을 겪는 우리 교사들의 마음과 같다는 생각이 들었다.

친구처럼 형제처럼 고민과 걱정을 나누던 시절의 아이들

이제 연금 의무 납부 기간이 종료되어 퇴직 이후를 준비해야 되는 처지에서, 통통 튀는 학생들과 함께하다 보면 소통하기가 점점 쉽지 않음을 실감한다. 감성이나 판단 등에서 아무래도 세대 차가 난다. 나름 열심히 인터넷을 뒤져 유행어나 신조어 등을 배워 가까워지려 해 보지만 노교사의 안쓰러운 안간힘으로 끝나는 경우가 많으니, 이래저래 서글프다. 초보 교사 시절, 당시 나이 지긋한 선배 교사들이 학생들과 좀 소원한 채 지금의 나처럼 쓸쓸해하던 모습이 이제야 실감난다.

원로 교사가 되어 젊은 시절을 돌이켜 보면, 학생들에 대한 열정은 뜨겁고 순수했지만 과격하고 서툰 사랑법으로 아이들에게 상처를 주기도 했던 게 떠올라 등골에 식은땀이 흐른다. 그래도 학생

어머니의 마음으로 부르는 아이들

들은 젊지만 서투르기만 한 나를 너그럽게 감싸 주며 형제처럼 또는 친구처럼 서로를 이해하며 고민과 격정을 함께 나누었다. 특히 대학 입시 준비를 돕는 담임으로 학생들과 몇 년을 밤낮없이 동고동락하다 보니 서로에 대한 믿음과 정이 두터울 수밖에 없었다. 더구나 30년 전 당시엔 문과 학생들이 2개 반이었는데 2학년과 3학년을 계속해 맡다 보니, 이제 와선 누가 우리 반이었는지도 모를 정도로 모든 문과생과 긴밀하게 지냈다.

하지만 가정이든 학교든 어디서나 쉽게 적응하지 못하고 빗나가 속 썩이는 애들이 있기 마련이고, 부모나 교사는 잘하는 아이보다는 부족한 아이에게 더 신경이 쓰이는 게 인지상정이다. 그래서인지 30년 전에 만나 지금까지 인연의 끈을 이어 오는 제자들 중, 문득문득 궁금해지는 제자는 역시 학창 시절 속 썩이던 친구들이다. 내가 근무하는 학교는 사립 학교여서 이동해 보았자 같은 울타리 안에 있는 중학교를 오가는 정도여서 언제든 졸업생들과 연락이 되고 또 마음만 먹으면 그 누구도 찾아낼 수 있을 정도다. 더구나 옛 제자의 아들들이 또다시 제자가 되는 경우도 있다 보니, 40대 후반이 된 옛 제자들이 자녀 일로 모교에 오면 몇 안 되는 옛 스승으로 자주 마주치게 된다.

아들 일로 학교를 찾은 옛 제자가 얼마 전 자기 동기들의 월례 모임에 초청을 했다. 유성에 있는 갈빗집에서 저녁을 먹으며 제자

들과 옛이야기를 나누다 보니 술잔을 나누는 모습이 친구나 진배
없다. 드물게 이름이 기억나지 않는 제자도 있었지만 대개는 얼굴
을 보면 금방 알아볼 수 있으니 옛정이 소록소록, 취흥이 더할 수
밖에 없었다. 그 도도한 흥취로 주변에 있는 호프집으로 자리를 옮
겨 2차를 하다 보니, 그 동기들 중 말썽꾸러기였던 '방중범'이 떠오
른다. 《삼국지》나 《수호지》에나 나올 법한 이름인지라 수염이 까
칠하게 난 험상궂은 근육질을 떠올릴 수도 있지만, 실제 모습은 가
냘프고 깡말라 도저히 누구의 맞수도 될 성싶지 않은 그런 모습의
중범이! 그는 현재 일본에서 갈빗집을 하며 일본 여자와 결혼해 살
고 있다. 몇 년 전에도 이 동기들 모임에서 중범이 소식을 물었더
니 누군가가 곧바로 국제 전화를 연결해 줘 소식을 들은 뒤라서 그
의 근황이 궁금하기만 했다.

중범이와 통화했던 얘기를 하며 그의 근황을 물으니 이번에도
옆에 있던 제자가 국제 전화를 연결해 준다. 학창 시절 늘 말썽을
피워 어렵사리 졸업했던 중범이, 가방 안에 칼을 가지고 다니다 교
감 선생님께 발각돼 꼼짝없이 퇴학 당할 것을 겨우 무마시켜 졸업
시키느라 무지 애를 먹였던 중범이, 졸업 후 입대해서도 적응을 못
한 채 스스로 동맥을 끊었던 중범이, 그런 그를 인우보증을 서서
결국 제대까지 시켰으니 그의 근황이 어찌 걱정되지 않겠는가.

몇 년 전 국제 전화를 통해 듣던 중범이의 목소리는 아주 의젓하
고 점잖아서 세월의 무게가 느껴지는 중후함으로 아주 믿음직했

어머니의 마음으로 부르는 아이들

다. 그런데 이번에 들은 그의 목소리는 힘이 없고 쇠잔해 무척 안타까웠다. 그는 지난 번 엄청난 재앙, 세계를 놀라게 한 일본 동북부 후쿠시마 대지진 때 받은 충격으로 아직도 정상적인 생활을 하지 못하고 있다며 한숨을 쉬었다. 자녀가 없어 인적 피해 등 직접적인 피해를 입지는 않았으나 가까이서 겪은 충격으로 인한 후유증으로 생업에 복귀하지 못한 채 악몽에 시달리고 있다고 힘없이 말했다. 제자들과 함께 위로하고 격려해 준 뒤 전화를 끊자 제자들이 증범이 학창 시절 얘기를 듣고 싶어 했다.

논산 훈련소도 포기한 깡다구맨 증범아

사실 증범이는 깡마른 체형으로 중학교 시절엔 친구들에게 많은 시달림을 겪은 새침한 아이였다고 한다. 그러다 고등학생이 되면서 자신을 보호하려고 과장된 행동을 하다 보니 인상 쓴 얼굴로 가방을 옆구리에 낀 채 건들거리며 흉기까지 소지하게 되었다. 그를 중학교부터 보아 온 친구들은 이를 재미있게 보기도 했으나, 면도날 자해 사건은 그를 아무도 범접할 수 없는 깡다구맨으로 만든 사건이었다. 누군가 증범이의 마른 체형을 보고 건드리자 그는 무

넌 아름다운 나비야

섭게 화를 내며 결투를 신청했다. 그런데 막상 싸움이 시작되자 중범이는 옷을 찢으며 갈비가 앙상한 웃통을 드러낸 채 침을 뱉어 가며 면도날로 자기 배를 마구 그어 댔고 피가 사방으로 튀었다. 뜻밖의 상황에 놀란 상대방이 무릎을 꿇고 잘못했다고 빌고서야 피 튀기는 자해 행각이 끝났다고 하니 그 광경을 본 사람들은 얼마나 소름이 끼쳤겠는가.

중범이는 이렇게 무서운 아이로 인정받고서도 가방에 단도를 가지고 다니며 이를 은근히 과시하며 자기 방어망을 구축했고, 그게 교감 선생님께 발각되어 퇴학 소동을 빚었다. 당시 교감 선생님은 일벌백계를 내세워 퇴학을 주장했으나, 젊은 담임인 나는 '오히려 이런 부적응 학생을 교화시키는 게 학교의 의무이자 책임이므로 처벌보다는 관용으로 감싸 졸업을 시켜야 하며 담임으로서 절대로 과도한 처벌을 받아들일 수 없다.'고 맞서 반성문을 쓰는 것으로 마무리 돼 어렵사리 졸업을 시킬 수 있었다.

어렵게 졸업을 한 중범이는 일본에서 불고깃집을 경영하는 고모님 댁으로 가 일을 도우며 장사에 눈을 떠 한창 돈맛을 알 즈음, 영장이 나와 입대를 하러 귀국해 논산 훈련소에 입소했다. 하지만 이제 막 사업에 눈을 뜬 중범이에게 군 복무가 시간 낭비로만 여겨져 더 이상 군 생활을 할 수가 없었다고 한다. 학창 시절보다 더 약아진 중범이는 이제 결기도 단단해져 내로라하는 건달들도 쉽게 순화되는 논산 훈련소의 훈련을 끝내 거부했다. 천하의 신병 교육대 조교들도 중범이를 굴복시키지 못한 채 훈련 기간은 끝났고, 중범이는 당시 내무부 소속인 전투 경찰로 배치되었다. 중범이의 복잡한 훈련소 이력 때문인지 고향인 대전에 있는 연구 단지 경비 부대로 오게 되었지만, 한번 장사하는 재미에 꽂힌 그의 마음은 그 무엇도 되잡지 못했다. 학업을 뺀 세상사엔 아주 영악한 중범이가 결국은 일을 냈다. 내무반에서 숟가락 끝을 뾰족하게 갈아 자신의 팔뚝에 있는 동맥을 죽지 않을 만큼 그은 뒤 쓰러졌다. 군대에서도 자해 소동을 이어 간 셈이다.

중범이가 졸업한 뒤엔 그를 까마득히 잊고 지냈는데, 하루는 경찰대학교를 졸업한 뒤 전투 경찰 중대장을 하고 있던 김해중이 학교로 찾아와 면담을 청했다. 경찰 간부로 생활해야 할 해중이는 후배 중범이 때문에 자신의 앞길이 힘들어졌다며 하소연했다. 해중이는 중범이가 쓴 자술서를 내밀며, 후배 중범이가 자기 중대로 배치되어 나름대로 신경 써 주고 잘해 주었는데 자해를 해 자술서를 받았더니, 내용 중에 '존경하는 김영호 선생님' 얘기가 있어 혹 도움을 받을까 싶어 이렇게 찾아왔다고 했다.

경찰 간부로 앞길이 촉망되는 해중이, 그런가 하면 군 생활에 적응하지 못하고 뛰쳐나오려는 말썽꾸러기 중범이, 둘 다 내 제자이니 그 누구를 선택할 것인가. 한동안 고민하던 나는 해중이에게 내 입장을 분명하게 말했다.

넌 아름다운 나비야

그가 학창 시절 깡다구로 자신의 나약함을 극복했듯이

현재의 후유증을 잘 이겨 내길 이렇게 멀리서 응원해 본다.

논산 훈련소도 꺾지 못했던

그의 의지와 무모한 집착으로 보일 정도의 강인한 생활력으로

증범이는 다시 부활할 것이라 믿는다.

"나는 자네나 증범이 중 누구 하나를 선택할 수는 없네. 왜냐하면 잘났든 못났든 둘 다 내 제자이니까. 제일 좋은 방법은 앞으로의 자네 경찰 생활에도 해가 되지 않고 또 증범이도 인생의 낙오자가 되지 않는 그런 길을 찾아야 하네. 자네 생각은 어떤지 모르겠지만, 증범이 입장에선 하루 빨리 일본에 돌아가 열심히 장사해 돈을 벌 생각밖엔 없는 것 같애. 이렇게 외골수로 빠진 사람은 무슨 짓이라도 저지를 것이고, 그러면 자신도 망치고 결국 선배인 자네의 앞길마저 망칠 테니 걱정이네. 내 생각엔 증범이가 이런 일엔 꽤 영악하니 한번 휴가를 내보내 스스로 제대를 앞당길 방법을 찾아보게 하는 게 어떤가?"

해중이가 알았다며 돌아간 뒤 한 달쯤이나 되었을까, 증범이가 휴가를 나왔다며 학교로 찾아와 하소연을 했다. 이미 해중이에게 들어 알고 있고, 또 휴가를 보내라고 권해서 사정을 빤히 알고 있지만, 증범이는 계속 부대에 있다간 정말 미쳐 큰일을 낼지도 모르겠다며 스스로 감정 조절이 잘 안된다고 했다. 이미 논산 훈련소도 포기한 사람이니 오죽하겠는가만, 전문가에게 정신 감정을 받아 도저히 복무가 어렵다고 판단되면 제대가 될 수도 있을 테니 알아보라며, 무엇보다도 네 선배인 해중이의 앞길에 누가 되어선 안 된다고 강조했더니 알았다고 했다.

며칠 뒤, 다시 학교를 찾아온 증범이는 정신과 전문의의 감정을 받아 현역 복무가 어렵다는 진단을 받았지만, 제대를 하려면 선생님 두 분의 인우보증이 필요하단다. 그러니 고2 때 담임인 이 선생님과 고3 때 담임인 나에게 보증을 서 달란다. 알았다며 돌려보낸 뒤 생각해 보니, 어렵게 졸업시킨 내가 결국 책임질 일이란 판단이 섰다. 이 선생님이 선뜻 보증에 응해 줄까 걱정도 되었다. 같은 국어과 선생님으로 존경하는 분이지만, 동사무소에 인감도장을 가지고 가 인우보증서를 떼야 하는 번거로움을 감수할 정도로 증범이에게 애정을 가지셨는지 알 수 없으니, 확인해 보고 사정해 볼 수밖에. 저녁에 술자리를 마련한 뒤 조심스레 증범이 얘기를 꺼낸 뒤 어렵사리 인우보증을 사정했더니, 김 선생도 하는데 왜 내가 못하겠냐며 선뜻 승낙하셨다. 지금 생각해도 참 좋은 선배님이다. 이젠 퇴직한 지 오래 돼 70대 중반의 노인이 되셨지만 지금도 만나면 여러 가지로 후배를 격려해 주시는 분이다.

걱정했던 이 선생님의 승낙도 받고 기분 좋게 취해 집에 오니 아내가 얼마나 놀랐는지 몰랐다며 증범이 얘기를 했다. 증범이가 방금 전까지 거실에 무릎 꿇고 앉아 칼자국이 있는 얼굴로 김 선생님이 인우보증을 서 줄 때까지 기다리겠다고 떼를 쓰다 방금 돌아갔다는 것이었다. 정말 어이가 없었다. 저 때문에 여태 이 선생님을 설득했는데 저는 나를 믿지 못했다는 게 아닌가. 이 녀석이 아직도 나를 잘 모르나 하는 생각에 순간 서운하기도 했지만, 이렇게 좀 부족하고 감정 조절이 안 돼 사고 치는 게 바로 증범이고, 그래서 내 도움이 필요하다고 생각하며, 있는 그대로의 증범이를 받아들

어머니의 마음으로 부르는 아이들

여야 한다며 아내를 안심시켰다.

다음 날 아침 일찍 동사무소에 들러 인우보증서를 뗀 뒤 이 선생님의 인우보증서와 함께 봉투에 넣고 중범이를 기다렸다. 중범이는 생각과 달리 며칠 후에 학교에 찾아왔고 인우보증서를 받아들고 어깨를 으스대며 돌아갔다. 몇 달 뒤 다른 제자로부터 그가 제대한 뒤 일본으로 돌아갔다는 소식을 들었다.

일본에서 나름대로 자신의 이름으로 음식점을 열고 일본인 여자와 결혼해 가정을 꾸린 중범이는 의젓한 중년의 가장이 되었으나, 엄청난 재앙을 겪은 뒤 또다시 시련을 겪고 있다. 그가 학창 시절 깡다구로 자신의 나약함을 극복했듯이 현재의 후유증을 잘 이겨 내길 이렇게 멀리서 응원해 본다. 논산 훈련소도 꺾지 못했던 그의 의지와 무모한 집착으로 보일 정도의 강인한 생활력으로 중범이는 다시 부활할 것이라 믿는다.

아직도 눈에 밟히는 아이,
정하야

교직원 노조 활동 때문에 중학교로 전보되어 10년을 보내고 다시 고등학교로 돌아온 게 2000년 봄이다. 10년 만의 고등학교 생

넌 아름다운 나비야

활이 아직도 낯선 4월쯤에 한 아주머니가 교무실로 나를 찾아왔다. 중범이의 1년 후배인 박정하의 어머니셨다.

정하가 학생이던 당시 대전 변두리였던 진잠에서 농사를 짓던 분으로 기억이 났다. 머리가 하얗게 센 정하 어머니는 울면서 정하가 국가 보훈 대상자가 될 수 있도록 진정서를 써 달라고 사정을 하셨다. 고3 담임은 대학만 입학시키면 되는 게 아니고 중범이처럼 제대도 시키고 또 정하처럼 이렇게 보훈 대상자 신청까지 해 줘야 되나 하는 생각이 들었지만, 정하의 창백한 얼굴이 떠올라 어떻게든 도움을 주어야겠다고 생각했다. 정하 어머니 얘기를 들으며 1990년대 중반, 중학교에 근무하고 있을 때 어떤 헌병 하사관이 집으로 전화를 했던 일을 떠올렸다.

내가 제대한 지가 언젠데 헌병이 연락하나 의아해 했더니, 박정하의 고3 담임 선생님이라 전화를 드렸다는 것이다. 정하가 후임 병들과 다투다 삽으로 상해를 입혀 조사를 받았고 심한 스트레스로 국군통합병원에 입원해 정신과 치료를 받는 중인데, 이미 제대 기간이 지났다는 것이었다. 그러면서 제대를 시키려면 담임 선생님의 의견서가 필요해 이렇게 연락했단다.

학창 시절 늘 창백한 얼굴로 말 없이 한쪽 구석에 앉아 있던 정하, 말을 시키면 가는 목소리로 겨우 답변하던 그였으니, 아마 군대에서 후임병들에게 무시당하다가 싸움이 나 상해를 입혔으나,

여린 성격이라 조사 과정에서 많은 충격을 받았을 것이 분명했다. 학창 시절의 정하 모습을 객관적으로 기술한 뒤 제대해 가정으로 돌아갈 수 있도록 선처를 바란다고 의견서를 작성해 헌병 하사관에게 전했고, 그 뒤 제대한 것으로 알고 잊고 지냈었다.

정하는 제대한 뒤 다니던 전문 대학에 다시 복학했으나 학교생활에 적응하지 못했고, 무엇보다도 사람들을 기피하여 집 안에 혼자 우두커니 있어 결국 자퇴를 했다. 그후 지금껏 늙은 어미의 보호 아래 심신 장애인으로 살아가고 있다는 것이었다. 어머니 말씀으로는 이 모든 것이 군대 생활 중 헌병대에서 조사받으며 가혹 행위를 당한 후유증 때문이라는 것이다. 그로 인해 이렇게 사회 부적응자가 되었으니 마땅히 국가에서 보상해 주거나 책임져야 한다는 것이었다. 늙은 어머니는 이제 자신도 일을 못 하는데 앞가림도 못 하는 자식을 두고 눈을 감을 수 없다며 보훈 대상자가 되도록 선생님이 힘을 써 달라는 것이었다.

그간 정하 어머니가 여러 군데 냈던 진정서를 바탕으로, 내가 학창 시절 보았던 정하의 모습을 떠올리며, 정하가 심신 장애로 정상적인 사회인으로 복귀하지 못한 것이 군 복무 중 얻은 질병의 후유증이 분명하고, 또 경위야 어떻든 국민으로서 국방의 의무를 다하는 과정에서 일어난 일이니 보훈 대상자로 지정받아 사회의 보호 아래 살아갈 수 있도록 선처를 바란다고 간곡하게 써서 다음 날 정하 어머니께 전달했다. 그 뒤 정하 어머님이 다시 찾아오지 않은 걸로 보아 어떤 형태로든 정부의 보호를 받게 되었으리라 짐작된다. 어쩌면 정하 어머니도 이제 세상을 떠났는지 모른다. 몸과 마음이 온전하지 못한 자식을 두고 어찌 눈을 감으셨을지!

어머니의 마음을
잃지 않으려면

이제 나도 가족이 늘었다. 며느리와 사위 그리고 손녀가 생기면서 자식을 기를 때 미처 몰랐던 부모의 깊은 마음을 이제야 더 깊이 그리고 더 절실히 느끼게 됐다. 특히 손녀의 요구에 민감하게 반응하지 못하는 아들을 볼 때마다, 내가 젊은 아버지였을 때 고3 담임 한다며 새벽에 나갔다 밤늦게 돌아오는 생활로 아이들의 요구를 살피지 못했던 모습이 떠오른다. 가슴이 저려온다.

내 자식이든 또 제자들이든
부모나 선생님의 마음은 결국 한마음이 아니겠는가.
그 마음은,
손가락 깨물어 안 아픈 손가락 없듯이
모든 자식이나 제자들이 다 소중하지만,

우선순위로 따진다면

못나고 부족한 자식과 제자가 먼저 눈에 밟히지 않겠는가.

선생님들도 결국 어머니의 마음을 잃지 않아야 함을

나이가 들수록 절감한다.

물론 어머니의 마음을 선생님들이 잃지 않으려면,

학생들과 직접적인 교감이 가능한 조건이 마련되어야 한다.

중범이나 정하를 졸업 후에도 잊지 않고 만나고 또 그들에게

도움을 줄 수 있었던 것은,

당시 한 학년이 6학급인 소규모 학교여서 학생들과

직접적인 소통이 가능했기 때문임을 알기 때문이다.

이젠 우리 학교도 한 학년이 12학급으로 늘어나

한 학년에도 수업을 하지 않는 학급 학생들은

서로 알지 못하게 됐다.

수업하는 학생들과도 입시 지도 외에는

인간적인 만남이 쉽지 않은 현실이니,

그들의 인생에 직접적으로

좋은 영향을 끼치는 일도 어렵게 되었다.

최근 행복한 학교로 성과를 거두고 있는 혁신학교가

한 학년에 6학급을 넘기지 않는

소규모 학교를 기본 조건으로 하는 것은,

내 경험으로도 충분히 입증이 되었다.

넌 아름다운 나비야

증범아, 정하야
보고 싶구나!
내가 저녁과 술을 살 테니
연락해라.

간호사를 꿈꾸는
은석이

김수현

중학교 때 국어 선생님을 좋아했다는 이유로 국어 교사가 되었다. 교사가 된 후에도 주변에 유난히 좋은 국어 선생님이 많아 학교를 옮겨 다닐 때마다 행복했다. 전교조 충북지부에서 신문국과 국어 교사 모임을 하며 새벽까지 원고에 매달리고 공부를 하던 시절이 가장 기억에 남는다. 신규 교사 때 만났던 아이들이 먼저 학부형이 되기도 했지만, 좀 더 치열하게, 더욱 열심히 살고 싶어 한다. 지금까지 만나고 좋아했던 국어 선생님들처럼 되고 싶지만, 그것이 얼마나 어려운 일인지 매번 실감하면서 오늘도 아이들에게 목청껏 소리치며 살고 있다. 지금은 광주 서광중학교에서 국어 교사로 아이들을 만나고 있다.

"선생님."

"응. 누구?"

벌써 교사 생활 15년째 접어들다 보니 전화나 문자 메시지, 카톡으로 연락하는 제자들이 꽤 많다. 휴대 전화가 생기면서부터 어지간하면 학생들 번호를 지우지 않는다. 귀찮음도 있고 혹시나 나중에 전화할 아이들에게 먼저 '누구구나.'라고 아는 체를 하면 반가워할 아이들을 생각하며 수백 명의 아이들 번호를 남겨 놓는다. 하지만 번호를 바꾸는 아이들도 많아서 목소리만 듣고는 누구인지 단번에 알아차리기 힘들다.

"저 은석이에요."

"오! 그래, 은석아 반가워. 벌써 제대했니?"

은석이는 아마 제 동기들 중 제일 먼저 군대에 갔을 것이다. 너무 이른 군대를 간다고 은석이와 친구들과 함께 술을 사 줬던 때가 엊그제 같은데, 벌써 제대를 했단다. 그리고 제일 먼저 나를 찾아온다고 한다.

반 분위기를 망치던 은석이

은석이는 8년 전 중학교 3학년 때 나와 처음으로 만난 우리 반 학생이었다. 남학생임에도 유난히 긴 눈썹과 깊은 눈을 갖고 있었고 흰 피부로 인해 외모만 보면 무척 순한 학생으로 보였다. 당시에 학급 구성이 남녀 합반이었는데, 여학생들이 은석이랑 앉기를 싫어했다. 수업 시간에 공부를 안 하고, 때로는 수업을 방해하고, 주변 정리를 안 해서 지저분하다는 것이 주된 이유였다. 국어 시간에도 마찬가지였다. 담임 선생님 시간이라고 해서 예외는 아니었다. 어느 순간부터 은석이는 수업에 집중하지 않았고, 자주 딴짓을 했으며, 선하던 눈빛도 점점 반항적인 눈빛으로 변해 갔다. 은석이는 결국 매시간 지적받는 아이, 수업을 방해하는 아이, 반 분위기를 망치는 아이, 항상 상담받는 아이가 되어 버렸고, 나도 어느 틈

넌 아름다운 나비야

엔가 은석이의 행동들에 짜증이 나기 시작했다. 어떤 수업 시간에는 욕설을 하기도 했다. 그나마 다행인지, 크게 하지 않아서 선생님께는 들리지 않았고 주변 아이들만 들어서 징계 없이 무사히 넘어갈 수 있었다. 그 무렵 학급에서 선생님께 직접적으로는 아니지만 욕설을 하는 바람에 징계를 받은 학생이 있었다. 장난스럽게 했던 것이지만, 8년 전만 해도 수업 시간에 욕설을 하는 아이들이 거의 없어서 학교와 해당 선생님께서는 엄청난 충격을 받았고 징계까지 내려졌었다. 이미 한 번 경험했기에 은석이도 그런 절차를 밟을까 걱정이 되었는데 다행이었다.

은석이의 행동은 몇 달간 정말 나아지지 않았다. 수십 차례 은석이와 상담을 하고, 때로는 호통을 치고, 소리도 지르고, 감정적으로 대했다가 부드럽게 타일렀다가를 반복하고, 어머님도 학교에 오셔서 같이 상담을 했지만, 항상 그 자리 그대로였다. 지금 생각하면 사춘기 남학생의 전형적인 모습이면서 가정적으로나 학업에 있어 불만이 있는 아이들의 모습을 그대로 보여 주었는데, 8년 전의 내 모습은 그런 은석이를 이해하려 하기보다는 바꾸려고만 했던 것 같다.

그렇게 12월이 되었다. 은석이와 고등학교 진학에 관한 상담을 하는데, 은석이는 전문계를 원했다. 내 생각에 은석이는 공고나 전산 계통의 전문계 고등학교와는 좀 거리가 있어 보였다. 그러나 워낙 학교에 대해 부정적이고 공부도 즐겨하지 않아 인문계 고등학교에 가서 잘 적응할 수 있을까 걱정이 되었다. 그렇다고 해서 기계 계통이나 컴퓨터 계통으로 소질이 있거나 흥미가 있지도 않았다. 오히려 인문계 고등학교 공부를 마음먹고 하는 게 은석이에게 더 맞을 것 같았다.

은석이는 당시에 학년 중간쯤의 성적을 유지하고 있었다. 중학교 1학년 때는 훨씬 더 성적이 좋았는데, 점점 떨어지더니 3학년 때는 바닥을 치고 말았다. 그래도 인문계 고등학교에 진학하는 게 더 맞을 것 같다고 어머니를 설득했다. 결국 은석이는 집에서 아주 가까운 사립 고등학교로 진학하게 되었다. 방학할 때까지 은석이의 고집스럽고 반항적인 행동들에는 큰 변화가 없었지만, 큰 사고 없이 중학교 졸업하게 된 것만으로도 천만다행이었다.

졸업하고도
나를 찾아오던 아이

새 학기가 시작되고 나는 또다시 새로운 아이들과 씨름하며 담임을 하고 있었다. 학생과 기획 업무를 맡고 있어서 아침이면 교문지도를 해야 했다. 말이 교문 지도이지 그냥 교문에 서서 아이들이 등교하는 것을 반갑게 맞아 주면 되는 일이었다.

"선생님!"

누가 부른다. 옆을 쳐다보니 은석이가 나를 부르는 것이 아닌가? 고등학교 교복을 입고 말이다.

"은석아! 아침에 웬일이니? 학교 안 가?"

그러자 은석이는 아주 불안한 얼굴로 잠깐만 선생님을 뵙고 가고 싶어서 왔다고 했다. 옆쪽으로 비켜서서 은석이와 5분 정도 이야기를 했다.

은석이는 고등학교 생활에 잘 적응하지 못하고 있었다. 중학교 생활도 잘 적응하지 못했는데 사립 고등학교다 보니 선생님들의 엄격한 모습과 꽉 짜여진 일상이 무척 답답했나 보다. 5월쯤이었으니까 석 달 정도 학교를 다닌 것이다. 아침 등교 시간이었던 까닭에 얼른 은석이를 학교에 보내야겠다는 생각이 들었다.

'남들도 다 그렇다.', '아직 처음이라 그렇다.', '그렇다고 전학을 갈 수는 없지 않니?', '좀 더 참아보렴.' 등의 이야기로 설득해서 학교로 보냈다. 고등학교가 바로 근처에 있기는 했지만 지각할까 봐 걱정도 되고, 그 길로 학교가 아닌 다른 곳으로 샐까 봐 걱정이 돼 오전 내내 은석이 생각이 머리에서 떠나질 않았다.

은석이는 어쩌면 공립 고등학교로 배정받는 것이 성격상 더 맞았을 것이다. 근처에 사립 고등학교들이 많다 보니 어쩔 수 없었다. 은석이 외에도 사립 고등학교에 배정받은 아이들은 2000년대에도 여전히 무서운 나이 지긋하신 선생님들과 사립 학교 규율에

간호사를 꿈꾸는 은석이

덜덜 떨곤 했었다.

은석이가 학교에 잘 도착했는지 연락해 볼 방법도 없었다. 그때 당시 은석이는 휴대 전화가 없었다. 다행히 다음 날은 오지 않았다. 그런데 몇 달에 한 번씩 은석이는 그렇게 나를 만나러 중학교로 찾아왔다. 집이 학교 근처이기도 했지만 불안한 마음을 어떻게 할 수 없었던 것 같다.

'중학교 때 그렇게 내 말도 안 듣고 나를 힘들게 하더니 고등학교에 가서는 왜 찾지? 나를 싫어하는 줄 알았는데……. 졸업을 해도 나를 걱정하게 하네.'

라는 이중적인 생각이 들었다. 은석이가 찾아올 때면 뾰족한 해결책 없이 그냥 얼굴 잠깐 보고 헤어지고 몇 마디 나누고 하는 일이 계속되었다. 밥이라도 사 주면서 은석이의 고민을 좀 제대로 들어주고 싶었는데 평일은 야간 자율 학습으로, 주말은 또 내 사정이 여의치 않아서 한 번도 그렇게 하지 못했다. 두고두고 미안했다. '고등학교 졸업이라도 해야 할 텐데…….' 하는 걱정이 커질 무렵 은석이는 고3이 되었고, 오히려 고3 때는 한 번도 나를 찾지 않았다.

넌 아름다운 나비야

수능 시험이 끝나고 대학 합격 여부가 판가름 날 무렵, 은석이 동기들 몇 명이 만나자는 연락이 왔다. 약속 장소에 나갔더니 은석이도 있었다. 그 누구보다도 반가웠다. 반가움도 잠시 은석이는 간호학과에 합격했다는 말을 전했다. 나는 정말 깜짝 놀랐다. 더 놀란 것은 중3 때 우리 반 남학생 중 세 명이나 간호학과에 합격했다는 것이었다. 충격이었다.

중학교 때 유도 선수가 꿈이었던 아이도, 수줍게 미소만 짓던 여린 아이도, 반항적이던 은석이도 모두 간호사를 직업으로 택했다고 했다. 직업 선택에 있어 성별이 중요하지 않다고 강조했던 나였지만, 남학생 제자가 한 해에 세 명씩이나 간호학과에 진학을 하다니! 간호학과를 선택한 사연과 이유를 자세히 듣고 나서야 아이들의 선택을 존중하고 이해할 수 있었다.

세 명 모두 나름의 사연이 있었고, 간호학에 대한 관심도 다들 있었다. 세 명의 아이들은 모두 다른 고등학교를 다녔기에 자신들이 같은 선택을 한 것에 대해서 반가워하면서 놀라워했다. 내성적이면서 사람들과 잘 대화하지 않았던 은석이와 간호사는 전혀 어울리지 않는다고 생각했다. 더구나 힘든 고등학교 생활도 잘 적응하지 못했는데, 아픈 사람을 대하는 직업, 희생과 봉사가 필요한 직업을 택한 은석이가 걱정되지 않을 수 없었다. 대학 생활은 고등학교 때와 달리 잘 적응했으면 하는 바람 뿐이었다.

1학년이 채 끝나기도 전인 어느 날, 은석이가 곧 군대에 간다며 연락이 왔다. 혹시 전공을 바꾸려고 하는 건 아닌가, 재수를 선택하려고 하는 건 아닌가, 여러 가지 생각을 하며 약속 장소에 나갔다.

간호학을 전공하던 다른 친구 두 명과 연락이 되어 세 명이 함께 처음으로 술자리를 가졌다. 제자들과 술자리를 한 것이 거의 처음이었는데, 생각해 보니 군대에 간다고 송별회를 해 준 것도 처음인 것 같았다. 몇 학교를 옮겨 다니면서 근무하던 지역을 벗어나 이동하다 보니 아이들과 지속적인 만남을 갖기 어려웠기 때문이다.

교사가 되어 처음 만난 첫 제자들의 군대 송별회를 하게 되니 여러 가지 생각들이 머릿속을 스쳤다. 무엇보다 은석이가 군대 생활을 잘할 수 있을까 하는 걱정이 컸다. 꽉 짜여진 고등학교 생활도 적응하기 힘들어 했는데, 군대처럼 엄격한 시스템 속에서 은석이가 잘 버틸 수 있을까 하는 생각이 술자리 내내 머릿속을 떠나지 않았다.

다행히 힘든 간호학 공부는 잘 적응한 것 같았다. 고등학교 때 좀 더 열심히 공부하지 못한 게 후회된다고 했다. 여학생들이 많긴 하지만 남학생도 몇 명 있다고 했고, 취업도 남학생이 잘 되는 편이라며 학과에 무척 만족해하는 것 같아 다행이었다. 다른 아이들

넌 아름다운 나비야

"무슨 소리야. 선생님은 너한테 해 준 게 하나도 없는데."

"아니에요, 선생님. 제가 그때 학교 그만두고 싶을 때마다

선생님 찾아갔는데, 선생님께서 그만두지 말라고 붙잡아 주셔서

지금의 제가 있는 거예요. 중학교 때는 제가 너무 철이 없었죠?

그땐 왜 그랬나 모르겠어요."

그 말을 듣고 은석이에게 무척 미안하고 부끄러웠다.

도 간호학과에 대한 만족도는 무척 높았다. 일찍 군대를 마치고 오는 것이 앞으로 공부하는 데 도움이 될 것 같아서 자원 입대하는 거라며 무척 의젓한 말까지 덧붙였다. '내가 너무 은석이를 중학생 때의 은석이로만 생각하고 걱정하는 건가.' 하는 생각에 내색은 하지 않고, 은석이가 힘든 군 생활을 잘 마치기만을 바랐다.

그런데 작년 가을에 벌써 제대를 했다면서 근무하는 학교로 찾아오겠다는 연락을 한 것이다. 학교에 있다 보면 똑같은 일상의 반복으로 시간이 흐르는 것을 잘 느끼지 못하는데, 군대에 있는 2년 동안 은석이는 얼마나 긴 시간이었을까? 벌써 제대했느냐는 첫 마디의 내 말이 서운했을 수도 있겠다 싶었다.

힘들 때 붙잡아 주셔서 고맙습니다

은석이는 약속 시간에 정확히 교무실로 들어왔다. 말끔한 정장을 차려 입었지만 아직은 짧은 머리가 은석이가 얼마 전까지 군인이었음을 말해 주었다. 얼굴 표정은 상당히 밝았고 키도 더 큰 것 같았고 더 의젓해 보였다. 마침 점심시간이라 학교 앞 식당으로

넌 아름다운 나비야

갔다.

은석이는 무엇이든지 다 잘 먹는다며, 군대에 있으면 모든 음식이 다 맛있다고 했다. 하지만 막상 나온 음식을 잘 먹지 못했다. 그동안 하고 싶었던 여러 가지 이야기를 하느라, 또 제대를 축하하는 전화를 받느라 바빴다. 군대에 있는 동안 미래에 대한 고민을 많이 한 듯했다. 간호학에 대한 관심은 더 높아졌고 간호사 외에도 다양한 길로 진로를 선택해 볼까 한다는 고민도 털어놓았다. 세상을 보는 눈이 더 확대되었다고 했다. 이야기가 거의 끝날 무렵 은석이가 고등학교 때 자신을 붙잡아 줘서 고맙다는 이야기를 했다.

"무슨 소리야. 선생님은 너한테 해 준 게 하나도 없는데."

"아니에요 선생님. 제가 그때 학교 그만두고 싶을 때마다 선생님 찾아갔는데, 선생님께서 그만두지 말라고 붙잡아 주셔서 지금의 제가 있는 거예요. 중학교 때는 제가 너무 철이 없었죠? 그땐 왜 그랬나 모르겠어요."

그 말을 듣고 은석이에게 무척 미안하고 부끄러웠다. 지금 기억으로도 나는 고등학생 은석이에게 특별히 해 준 말이 없다. 해결책이 있었던 것도 아니고, 최선책으로 교사로서 은석이에게 해 줄 수 있는 말이 그것밖에 없었다. 다행히 은석이는 내 말을 들어주었고, 스스로의 판단이 더 크게 작용했겠지만, 힘든 시간을 잘 이겨냈다. 이제 어른이 되어 사춘기 때를 돌아보니 기억의 한 켠에 내가 있었던 것이리라.

교직 생활 15년 동안 수없이 많은 제자들을 만났다. 세월이 흘러 전화로든, 직접적인 만남으로든 아이들과 대화를 하다 보면 내가 가르치거나 준 것에 비해 아이들은 훨씬 더 많은 것을 기억하고 받았다고 생각한다. 그래서 아이들을 만나는 일은 즐거움이면서도 미안함과 부끄러움이 함께한다. 그때는 최선을 다해 가르쳤고 지도했다고 생각했는데, 아이들의 기억 속에 있는 내 모습은 다시 돌아보기 싫을 정도의 모습들도 꽤 있어서 아이들 앞에서 고개를 들 수 없을 때도 있었다.

'그 선생님은 별로였어.'

'기억이 안 나.'

라고 생각하는 아이들도 있으리라.

누구에게나 다 좋은 기억으로 남는 교사가 되면 좋겠지만, 그렇게 하지 못한다면 적어도 떠올리고 싶지 않은 기억으로만 남지 않았으면 하는 바람이다.

나를 부끄럽게 만드는 아이들

"선생님 제가 취업하면 선생님 꼭 종합 검진시켜 드릴게요."

146

"아이구, 무슨 그런 소리를 하니? 선생님 종합 검진 안 받아도 될 만큼 건강하게 살 테니까 그런 말 하지 마."

"간호사 제자 두어서 좋은 일 하나는 있으셔야죠."

"말이라도 고마워. 선생님 아프지 않고 잘 살게."

전혀 예상하지 못했던 은석이의 말에 또 한 번 당황했다. 종합 검진이라니! 갑자기 내가 많이 늙어 버린 느낌도 들고, 훌쩍 커 버린 제자에게 건강을 다짐받는 나이가 되었나 보다 싶기도 하고, 선생님의 건강을 챙겨 주는 제자가 있어 한편으로는 기쁘기도 했다.

은석이는 제대하자마자 복학하기 전까지 아르바이트를 한다고 했다. 제대한 지 일주일도 되지 않는데 벌써부터 부모님을 돕는 모습이 기특했다. 은석이에게는 연년생 여동생이 있었는데, 중학생일 때 동생도 무척 힘든 학교생활을 했었다. 그런데 지금은 동생도 대학을 다니면서 부모님의 걱정을 한시름 덜고 있다고 했다. 한때 정해진 길에서 벗어난 삶을 조금 살았다고 해서 크게 걱정할 필요는 없는 듯했다.

오후 수업이 있어서 한두 시간 이야기를 하다가 은석이를 보냈다. 집에서 버스로 한 시간 넘게 걸리는 학교까지 찾아온 은석이를 빨리 보내야 해서 미안했다.

아마도 은석이는 또 몇 년쯤 후에
문득 나에게 연락을 할 것이다.

간호사를 꿈꾸는 은석이

지금까지 그랬던 것처럼.

그때는 또 얼마만큼 정신적으로 성숙해져서

나를 부끄럽게 하고 가르침을 줄까?

은석이가 오늘 나에게 말했던 꿈들을 이루고

더 멋지고 당당한 모습으로 찾아왔으면 하는 생각이 들었다.

하얀 간호사 가운을 입고 밝은 미소를 지으며

병원에서 바쁘게 움직일 은석이의 모습도 이제는 상상이 되고,

더 큰 학문 연구를 위해서 흰 연구원복을 입은

은석이의 모습도 제법 잘 어울렸다.

은석이의 성장이,

은석이의 밝은 미래가

기대된다.

너 아름다운 나비야

보통과 은진이,
전자과 혜인이

조경선

웃을 때마다 광대뼈가 두드러지고 눈이 큰 배우 신민아를 연상시킨다고 해서 붙은 '2초 신민아, 쉰민아' 등의 별명을 은근히 즐긴다. 매사에 잘 웃고, 감동도 잘하고, 상처도 잘 받는데, 대체로 부드럽고 친절하다. 아이들에게 시인과 소설가를 직접 만나게 해 주고, 독서 캠프, 문학 기행 등 문학에 관한 일을 많이 벌인다. 교육, 문학, 사랑의 길을 찾아 오늘도 씩씩하게 살고 있다. 지은 책으로는 서울 토박이 여자가 전라남도 고흥에 와서 늦깎이 교사가 된 이야기를 엮은 교육 산문집 《서울 여자 시골선생님이 되다》가 있다. 영등포 노동자문학회에서 문학과 술과 인생을 배웠고, 전태일문학상 받았는데도 시집 한 권 내지 못하고 있는 그는 지금 녹동고등학교에서 국어 교사로 아이들을 만나고 있다.

네모난 교실에서 급식실로 걸어가는 즐거운 길에는 오래된 벚꽃 나무가 여러 그루 서 있었다. 사월이 오면, 급식실에서는 봄눈이 내렸다.

도화고등학교.

이름처럼 벚꽃이 아니라 복숭아꽃이었는지도 모르겠다. 발포 바닷가 마을에는 백로와 왜가리들이 하얗게 둥지를 트는 봄이었다.

그때 그 날처럼 노량진 밤거리에 벚꽃이 피어 있다. 여러 학원이 늘어선 도시의 삭막한 자리 위에도 벚꽃은 등불처럼 피어 있다. 도화고등학교와 고흥만의 벚꽃은 벌써 다 졌는데, 서울에는 이제야 곱게 피어오르고 있다. 노량진으로 가는 지하철 안에는 윤중로 벚

보통과 은진이, 전자과 혜연이

꽃 축제 때문에 특별 연장 운행을 한다는 방송이 나온다.

노량진에서 이 년째 임용 고시 공부를 하고 있는 은진이를 만나기 위해 가는 길이다. 혜인이는 미리 도착해 있다. 이곳이 이제 제법 익숙해진 은진이는 맛있어서 자주 찾는다는 중국집으로 우리를 안내했다. 짜장면과 짬뽕을 같이 시켜 먹으니 내 앞에 앉은 이 아이들이 다시 열여덟 살 그대로인 것 같다. 술을 먹지 않는 혜인이 때문에 커피 전문점에 가서 못다 한 이야기를 나누었다.

고흥에 발령받아 후배들을 가르치고 싶어요

지난 1월, 갑자기 연수 일정이 잡혀서 일주일 가량 겨울 방학 보충 수업을 할 수 없었다. 학교 안의 다른 선생님들에게도 부탁할 수 없었다. 휴대 전화 전화번호부 속에 저장된 사람들 중에서 국어 교육과를 졸업한 제자는 은진이가 유일했다. 은진이는 언니와 함께 서울에서 지내고 있었다.

"선생님, 반가워요. 잘 지내셨어요? 졸업하고 1년 동안 공부만 했는데, 시험에서 떨어져 완전 멘붕에 우울증 직전까지 갔어요."

아직도 임용 고시 불합격에 따른 후유증을 앓는 목소리였다. 스

넌 아름다운 나비야

물네 살이 겪는 옅은 불안감이 전해졌다.

은진이는 기꺼이 보충 수업을 위해 고흥으로 왔다. 기숙사 사감 선생님이 배려해 주셔서 잠자리도 해결되었다. 짧은 보충 수업을 마치는 날, 은진이는 아이들과 찍은 사진을 보내왔다. 마치 교생 선생님을 떠나보내는 것처럼 아이들은 매점에서 과자까지 사 와 파티를 한 모양이었다. 짧은 기간이라 적당히 스쳐 갈 수도 있는 시간이건만, 정이 제법 들어 버린 것 같아 보였다. 기숙사에 머물고 있는 동안 어느새 아이들이 와서 손톱에 예쁜 네일아트까지 해 주었다며 열 손가락을 내밀어 보였다.

해외 연수를 다녀온 나는, 마침 비가 오는 날이라, 국어과 선생님들에게 바지락 칼국수를 대접했다. 뒤풀이 자리는 유자 막걸리와 닭발, 생맥주와 갑오징어찜으로 이어졌다. 술 잘 먹는 국어과 동료 교사들 사이에서 은진이는 단연 일등이었다.

"선생님, 가게 문 닫을 때까지 더 달려요!"

'젊은 게 좋긴 좋구나.'

연수 기간 동안 우리 학교 국어과 선생님들이 은진이를 잘 챙겨 주었다는 것을 알 수 있었다.

뽀얗게 취한 은진이는

"시험에 떨어지고 나서 기운이 하나도 없이 암담했어요. 한국사

보통과 은진이, 전자과 혜언이

능력시험도 봐야 하는데 보기도 싫고…… 근데 학생들 만나서 교실에 서니까 정말 국어 교사가 하고 싶어졌어요. 꼭 시험에 붙고 싶어요. 그래서 고흥에 발령받아 후배들을 가르치고 싶어요."

라며 남은 잔을 다 털어 넣었다.

은진이는 사립 대학교 사범대를 다니는 4년 동안 장학금을 받았다. '천만 원 등록금 시대'에 등록금 걱정 안 하고 졸업할 수 있었던 것이다.

"그만 좀 해라!"

은진이가 정색을 하며 소리를 버럭 질렀다. 수업 시간에 좀처럼 집중하지 않는 친구들을 향해서였다. 신규 교사였던 나도 무안한 순간이었다. 시간이 갈수록 수업 시간은 소란스러워졌다.

농촌의 작은 종합 고등학교, 인문계인 보통과 학생들은 한 학년에 스무 명도 되지 않았다. 2학년 문학을 가르치는 나는 학생들에게 돌아가면서 작품을 읽고 발표하도록 하기도 하고, 작품을 복사해서 읽고 토론하도록 하기도 했지만 곧잘 버벅거리는 수업이 되었다. 그 아이들 중에서 유일하게 쉼 없이 공부하는 아이가 한 명 있었다. 은진이었다.

교무실로 돌아와 3월에 받아 둔 은진이의 자기 소개서를 다시 읽었다. 갑자기 중풍으로 쓰러진 어머니를 간호하기 위해 언니는 고등학교를 자퇴한 후 병원에 있고, 은진이는 할머니가 계신 바닷가 마을로 전학을 와 기숙사에 있으면서 홀로 공부하고 있었다.

"그때 힘들지 않았어?"

"아뇨. 고등학교 때 저보다 더 어려운 친구들이 많아 혼자만 힘들다고 생각한 적은 없었어요. 언니가 고등학교를 마저 졸업하고, 제가 고등학교 진학을 미루고 엄마를 간호해야 한다고 하는 사람들도 있었어요. 그때 언니가 '은진이는 뭐 하나 잘하는 게 없으니 공부를 더 해야 한다.'고 하면서 엄마 병간호를 시작했어요. 그래서 누구보다 절실하게 공부해야 했어요."

눈물이 그렁그렁했다.

"선생님, 우리 시화전 했던 거 아직도 생각나요. 전교생이 다 시화전을 했잖아요. 그때 이백 명도 넘었던 것 같은데……. 제 작품 '기숙사 가는 길' 생각나요. 도서실에서 펼쳐 놓고, 그림 그리고, 시 옮겨 적고 그랬잖아요. 축제 때 북카페 하면서 추천 도서 전시하고, 차도 팔고 그랬잖아요. 그 수익금을 가지고 기부도 하고……."

백화점 직원처럼 이것저것 다 펼쳐 놓고 아이들에게 골라서 시켜 보던 신규 교사 시절이었다. 그래도 인문계 고등학교니까 한국 문학사를 정리해 줘야 한다는 일념으로 침을 튀기며 강의식 수업도 하고, 추천 도서를 정해서 책을 읽게 했고, 모둠별로 토론을 하게 했고, 독서 신문을 만들어 전시도 했고, 논술문 쓰기를 했고, 독서 퀴즈 대회도 했고, 소설가를 초대해 강연도 해 보았고…… 이것저것 펼쳐는 놓았는데, 아이들의 호응이 적으면 바로 접어 버리던 때였다.

지금도 그렇지만, 그때도 모든 아이들에게 문학 수업에 대한 만족감을 주지는 못했다. 다만 은진이에게 '국어 교사의 꿈'을 키우게는 했던 것 같아 다행이다. 고3이 되자 은진이는 각 대학의 논술 시험을 준비했다. 그리고 연수 중인 대학교까지 찾아와 논술 시험을 준비하기도 할 만큼 열정을 보였다. 그 결과 그렇게 원하던 국어교육과에 입학했다.

"진짜 애들이 순박해요. 경험도 없는 제가 수업하면 잘 따라 주고……."

은진이는 4학년 때 도시의 어느 고등학교에서 교생 실습을 했을 때보다 이곳 고흥에 와서 보충 수업을 하며 만난 아이들이 더 좋았다고 한다.

요양원에 계신 엄마의 병세는 많이 좋아졌고, 언니도 돈을 벌면서 다시 공부를 시작했다고 한다. 얼마 전 엄마가 통장을 하나 꺼내 은진이에게 건네주면서 '돈 벌려고 하지 말고, 이 돈으로 공부해라.'고 했다고 한다. 노량진에서 교육학 강의를 듣고 학원 독서실에서 일주일 내내 공부하는 씩씩한 은진이. 대학 때 사귄 남자

넌 아름다운 나비야

친구는 벌써 사립 고등학교 교사가 되었다.

임용 고시를 앞둔 은진이는 자꾸 불안해져 마음을 잡기 어려운 날도 있다고 연락을 한다.

네가 천재 문학소녀냐? 그렇게 빨리 쓰고 나오게?

"혜인아, 너 글 잘 썼잖아? 요새는 안 써? 경선 샘이랑 백일장도 가서 상도 받았잖아"

은진이는 혜인이에게 안부를 물었다.

혜인이는 종합 고등학교인 그 학교 전자과 학생이었다. 학생들은 취업을 목적으로 학교생활을 했다. 전자과 실습 시간에는 마스크를 쓰고 납땜도 하고, 자격증 시험 준비도 했다.

혜인이도 바지락이 많이 나는 바닷가 마을에 살았다. 팔순이 넘은 할머니 밑에서 어린 동생들 두 명과 함께 넷이 살고 있었다. 딸넷 중에 둘째 딸인 혜인이는 여수에서 아버지가 선원 일을 하면서 보내 주는 50만 원으로 살림을 하고 있었다.

이런 삶이 담긴 혜인이의 글은 유난히 눈에 띄었다. 혜인이는 자기가 사는 삶을 진지하고도 유쾌하게 쓸 줄 알았다. 그 글의 주인공은 '판소린지 뭔지 구분이 힘든' 노래를 늘어지게 부르시는 할머니와 씩씩한 손녀들이었으니까 말이다.

"그때 순천대학교 백일장에 가서 상 받았잖아요."

"그래, 기억나지. 그때, 백일장에 나가기 위해 연습도 하고 그랬잖아. 그런데 그거 기억나니? 글 쓰러 강의실로 들어간 네가 들어간 지 얼마 되지 않아 다 썼다며 중간에 나왔잖아. 성의 없이 쓰고 나온 게 분명해 보여서 내가 얼굴을 계속 찡그리고 있었잖아. 그때 같이 점심 먹으면서 '네가 천재 문학소녀냐? 그렇게 빨리 쓰고 나오게?' 하면서 속마음을 쏟아붓던 것도 생각난다."

"그랬나요? 그건 기억이 안 나는데? 그때 제가 3등 했잖아요."

"그랬지. 기대도 안 하고 집으로 가려다가, 그냥 시상식에 시큰둥하게 참여했었지. 심사 결과를 발표하는데, 네 이름이 불렸을 때 정말 놀라고 한편으론 네가 기특해졌지."

"그때 곽재구 시인이 사회를 봤던 것 같아요. 이청준 소설가가 상을 주고, 그 자리에서 송수권 시인도 만나……. 그리고, 광주대학교 백일장 가서도 상 받았잖아요. 은진이랑 영랑 백일장에 참가하러 강진도 가고 그랬는데……. "

시화전 준비를 하는데, 혜인이는 집에서 오래된 벽시계를 들고 왔었다. '할머니의 시계'라는 제목의 시를 썼는데, 흰색의 아크릴

넌 아름다운 나비야

물감으로 그 시계에 시를 적고 꾸몄다.

"우진이는 집에서 항아리 가지고 왔잖아요. 개구리 접어서 띄우고…… 그것도 제가 아이디어 내준 거였어요. 우진이도 정말 착했는데……."

"그랬지. 우진이는 그때 경운기를 몰면서 집의 농사일을 하던 아이였어."

학교 도서실 가득 여러 재료들을 펼쳐 놓고 며칠 동안을 그렇게 시화전 준비를 하던 생각이 눈에 선하다. 갑자기 출혈이 멈추지 않아 죽은 친구를 추모하는 시를 쓴 나미의 작품 속에는 골판지로 만든 국화꽃이 선명했다. 수진이는 돌아가신 할머니에 대한 시를 읽다가 수업 시간에 엉엉 울기도 했다. 시 속에는 아이들의 삶이 출렁거렸으니까. 아직은 어린 나이에 겪는 상처와 울음도 스며 있었다. 그리고 그 나이가 가지는 특유의 유쾌한 이야기가 가득했었다.

"요새는 대학교에서 주최하는 백일장에 참가하는 거 재미없어졌어. 무슨 예술고등학교 문학창작과 애들이 전국을 돌면서 백일장에 참여해 상을 휩쓰는 것 같더라고. 내 글도 잘 못 쓰고 있는데, 아이들 글쓰기 지도하는 것도 어려운 것 같고……."

이렇게 말하자 은진이는

"선생님, 저도 글 써서 선생님에게 보여 줬었어요. 그런데, 이렇게 쓰면 안 된다고 빨간색 펜으로 두 줄을 찍찍 그어 놓으셨어요. 그래서 글 쓰는 데 자신감이 없었어요."

보통과 은진이, 천자과 혜연이

"내가 그랬다고? 그렇게 한 건 전혀 기억이 없는데?"

내가 불리한 일은 전혀 기억이 나지 않는다. 나이 들면서 훈훈한 미담만 기억에 남는 것은 다행이 아닐 수가 없다.

"맞아요. 저한테도 맨날 참신하고 새로워야 한다고 했어요."

"그래? 진정성 있는 글, 그러니까 진실한 글이 중요하다고 안 그랬나?"

혜인이는 졸업 후 삼성전자 반도체 공장으로 갔다. 고흥이라면 거의 땅끝 마을인데, 경기도 기흥까지의 길은 멀고도 먼 길이었다. 학교에서 성적이 우수한 전자과 아이들만 가는 곳이었다. 정문에는 '축, 취업. 삼성'이라는 내용으로 현수막이 붙어 지역 사람들과 학부모의 눈길을 끌었다. 인문계 고등학교에서 '축, 합격. 서울대학교'와 맞먹는 현수막이었다.

혜인이는 그 곳에서 기숙사 생활을 하고, 반도체 관련 일을 몇 년 동안 했다.

"삼성전자 반도체 공장에서 일하다가 백혈병 걸려서 죽은 일이 있었잖아요. 사람들이 산재 처리 하라고 공장 앞에서 데모도 하고 그러더라구요."

몇 년간 그곳에서 일한 혜인이는 얼마 전 일을 그만두었다.

'젊은데 왜 이런데서 일하니? 너는 공부해서 대학 가.'라고 주변의 언니들이 권했다고 한다.

넌 아름다운 나비야

삼성전자 반도체 공장에서 생산직 일을 하면서 몸과 마음이 모두 지친 혜인이는 올해 수도권의 어느 대학교 생활복지학과에 입학했다. 고등학교 내신 성적이 좋아서 쉽게 입학할 수 있었다고 한다.

"셋째 동생은 벌써 결혼해서 아이를 낳았고요. 막내도 대학에서 공부해요."

"할머니는? 그때도 연세가 많으셨는데……."

"할머니는 고흥 요양 병원에 계세요. 치매고, 거동도 불편하세요. 제가 가도 이제 못 알아봐요."

이제 그 바닷가 마을의 조그마한 집에는 아무도 살고 있지 않나 보다.

활짝 웃는 아이들의 모습은 벚꽃보다 더 환하다

노량진의 밤은 깊어 간다. 이십대를 살아가고 있는 이 아이들도 조금 더 깊어 갈 테지.

"고등학교 때 생각하면 선생님들 중에서 선생님 생각이 제일 많이 나. 담임도 아니었는데……."

"나도 그랬어. 보통과 은진이랑 전자과 혜인이 생각이 제일 많이 나. 그때 신규였는데, 내가 펼쳐 놓은 독서 활동과 수업을 맨 앞에 서서 잘 따라와 줘서 고마웠지. 너희들에게 필요한 거, 원하는 거 정말 뭐였을까, 지금 생각해 보면 확신할 수 없지만 말이야."

북적거리는 노량진이 나도 익숙하다. 이곳에서 임용 고시 강의를 들으며 공부했으니까. 노량진에서 가까운 당산동은 내가 스물여섯 해를 살아온 곳이다. 그곳의 부모님들에게 어린 두 아이들을 맡겨 놓고 노량진으로 와서 공부를 하고, 또 밤에는 독서실에 가서 한두 시까지 공부하던 시절이 있었다. 그때는 임용 고시 합격만이 내 절박한 삶을 일으켜 세워 줄 수 있다고 생각했었다.

서울의 어느 사범대를 졸업한 후 나는 임용 고시를 보지 않았다. 부모님들에게는 애써 둘러대고, 농민단체인 '전국농민회총연합'이라는 '전농'에 들어가 상근 간사일을 시작했다. 그때는 임용 고시를 봐서 서울에서 교사가 되는 삶은 너무 편안한 길에 안주하는 것 같다고 생각했었다.

1991년 명지대학교 학생이었던 강경대가 경찰의 쇠파이프에 맞아 죽던 날, 나도 그 가까운 학교에서 대학을 다녔다. 너무 놀랍고 분노가 가득히 올라와서, 동료들과 명지대와 세브란스 병원을 오고 갔다. 모두 흰옷을 입고, 검은 리본을 하고, 신촌 일대에서 장례 투쟁을 벌이던 그때, 전국에서 많은 사람들이 죽어 갔다. 민주주의와 새로운 세상에 대한 갈망이 컸던 시절이었다. 대학 졸업 후 공

넌 아름다운 나비야

아이들이 살아갈 세상은 여전히 각박하고 위태롭다.

시골에서 올라온 이 아이들이 접하는 서울은 매정하기도 하다.

열심히 공부하고 노력하지만 하고 싶은 일들은 아직 멀기만 하다.

그래서 아이들이 걷는 발자국이 더 진지하고 대견하게 느껴지나 보다.

장과 농촌, 이른바 '현장'으로 투신하던 선배들과 친구들이 살던 1990년대 초였다. 스스로 가난을 선택한 시대에 서 있었다. 스물 네 살이었다.

나도 농촌으로 가서 살면서 활동을 이어 가고 싶었다. 전농(전국 농민회총연맹)에서 3년간 간사 일을 하던 중 전라남도 고흥에서 올라온 총각을 만나 연애하고 결혼했다. 처음에는 씩씩하게 시부모님과 함께 살면서 농민회 활동도 하고 농사도 지어 보고 했었다. 그러는 사이에 두 아이도 낳았다. 그런데 평생 농사일을 해 온 시부모님과 남편을 따라 일을 하는 것은 보람도 성취도 없었고, 돈도 되지 않았다. 그렇게 막연하고 불안한 시간을 보내는 중에 인근 중학교에서 급하게 기간제 교사를 뽑는다는 소식을 받고, 우연히 아이들을 가르치게 되었다.

그곳에서 만난 국어과 선생님이

"그렇게 있지 말고, 임용 고시를 봐서 교사가 돼. 자기는 농사짓고 살려는 그 일이 맞지 않아."

라고 하면서 공부할 수 있도록 배려해 주셨다.

기간제 교사 1년을 하고 나서, 서울에 올라가 아이들을 부모님께 맡기고 공부를 했다. 노량진에서 양 많고 값싼 밥과 포장마차 떡볶이로 점심을 먹으며 강의를 들었다. 그때 이미 삼십대 중반이라 누구보다 초조했지만, 문학과 국어교육 공부를 하는 동안 모처럼 '공부의 즐거움'을 느낄 수 있었다. 그리고 두 차례의 임용고사와 지역 가산점 불이익 소송을 거친 끝에 합격했다.

신규 교사 연수를 받고, 희망 지역을 쓰는 칸에 '집과 가까운 곳에서 근무하고 싶다.'고 썼다. 그래서 도화고등학교에 발령받아 이 아이들을 만났다. 그곳은 남편의 모교이기도 하다.

"선생님, 만나서 정말 좋아요. 자주 연락드릴게요. 또 뵈요."

"그래, 은진이랑 혜인이. 공부 열심히 하고, 밥 잘 챙겨 먹고. 소식 또 전해라."

도화고등학교 정문 벚꽃 나무 아래서 같이 찍은 사진, 좀처럼 눈이 오지 않는 고흥에 함박눈이 많이 내린 어느 날 미술 선생님이 찍어 준 사진, 은진이가 교내 논술 대회에 끝까지 남아 원고를 쓰던 사진, 혜인이랑 순천대학교에서 곽재구 시인과 함께 찍은 사진이 아직도 홈페이지에 남아 있다. 사진 테러 하지 마시라고, 제발 보정 좀 하고 올려 달라는 아이들의 아우성이 귀에 선하다.

그리고 오늘, 노량진의 어느 커피 전문점에서 셋이 사진을 찍었다. 활짝 웃는 아이들의 모습이 창밖 벚꽃보다 더 환하다. 그러나 여전히 아이들이 걸어 나가야 할 노량진의 밤은 어둡다.

보통과 은진이, 전자과 혜인이

아이들이 살아갈 세상은
여전히 각박하고 위태롭지만

참 어린 나이에 겪어 버린 이야기가 한 짐이다.

아이들이 살아갈 세상은 여전히 각박하고 위태롭다. 시골에서 올라온 이 아이들이 접하는 서울은 매정하기도 하다. 열심히 공부하고 노력하지만 하고 싶은 일들은 아직 멀다. 그래서 아이들이 걷는 발자국이 더 진지하고 대견하게 느껴지나 보다.

벚꽃나무의 수명은 사람과 비슷하다. 백 년 정도를 산다고 한다. 해마다 사월이면 예쁘게 피었다가 지는 벚꽃, 사라져 잊히는가 싶은데도 해마다 곱게 피어나 천지를 물들이는 꽃, 그 둥그런 벚꽃나무처럼 더 단단하고 예쁘게 커갔으면 좋겠다. 그리고 우리를 둘러싼 세상이 환해져 품이 넓어졌으면 좋겠다.

보통과 은진이랑 전자과 혜인이뿐이겠는가.
도화고등학교,
그때 만났던 단단하고 예쁜 아이들 모두가
저마다의 자리에서 뻗어 나가고 있을 것이다.

나는 언제라도 이곳으로 돌아올 아이들을 기다리며

학생들을 가르치며 살고 있으니
그 또한
얼마나 좋은지 모르겠다.

보통과 은진이, 전자과 혜연이

바다에 이르지 않는
강물처럼

최성수

찐빵으로 이름난 강원도 횡성군 안흥면에서 태어나 초등학교 시절 서울로 올라
온 후 줄곧 성북동에 살았다. 중·고등학교에서 30년 동안 아이들을 가르치다가
2012년 8월, 서울 혜화여자고등학교에서 퇴직한 뒤부터는 고향 보리소골에서 얼
치기 농사를 지으며 꽃과 나무와 함께 놀고 있다. 교직에 있을 무렵 늘, 교사는 사
막을 흘러 바다에 이르지 못하고 사라지는 내륙하 같은 존재라고 생각했으며, 땅
속으로 스민 물이 어느 곳에선가 다시 솟구쳐 올라 오아시스를 만들듯, 제자들이
세상의 오아시스로 우뚝 서기를 바라는 교사였다. 시집으로 《장다리꽃 같은 우리
아이들》, 《작은 바람 하나로 시작된 우리 사랑은》, 《천 년 전 같은 하루》, 《꽃, 꽃
잎》과 장편 소설로 《비에 젖은 종이비행기》, 《꽃비》, 《무지개 너머 1,230마일》 등
이 있다.

"선생님, 저 귀농했어요."

전화기 속에서 들려오는 우경이의 목소리는 한없이 밝았다. 전화를 끊고 나서 한동안 나는 멍하니 앉아 있었다. 눈앞에 그 아이가 앞으로 겪어야 할 수많은 어려움들이 어른거렸기 때문이다.

"고추 모종을 넣었어요. 칠만 포기 심었으니 선생님 필요하시면 가져다 드릴게요."

전화를 끊기 전 우경이가 한 말을 떠올리며 나는 비로소 걱정을 지우고 입가에 빙그레 웃음을 지을 수 있었다. 그 아이의 긍정적인 힘이 나에게까지 전해지는 것 같았다.

늘 밝고 환한
웃음을 짓던 아이

우경이는 1988년 내가 담임했던 제자다. 고등학교 2학년, 온갖 방황과 고민의 시기를 나는 그 아이와 함께 겪었다.

문과반이었던 그해의 담임은 정말 파란만장했다. 올림픽을 앞둔 대한민국은 온통 축제의 열기를 향해 타올랐지만, 그 내면은 여전히 막막했다. 군사 쿠데타의 주인공이 역시 쿠데타의 주역에게서 정권을 물려받았고, 아이들은 세상과 무관하게 입시에 쫓기고 보충 수업과 자율 학습에 내몰려야 했다.

특히 문과였던 우리 반 아이들의 탈출은 타의 추종을 불허할 정도였다. 수업 시간에 학교 담을 넘어가 전투 경찰과 싸움을 벌이다 잡혀 온 아이도 있었고, 학교에 적응하지 못하고 반항심만 키우던 한 친구는 일기장에, '아침마다 학교에 불이 나 등교하지 않아도 된다는 뉴스를 기다린다.'는 말을 적기도 했다. 가출 후 소식이 두절되거나 액자 뒤에 담배를 숨겨 두고, 다른 아이들에게 망을 보게 하며 쉬는 시간마다 교실을 너구리 굴로 만드는 아이도 있었다.

"역시 문과 애들은 활기차다니까."

그런 말로 위안을 삼곤 했지만, 아이들과 소통이 되지 못한다는 답답함은 나의 마음을 옥죄고 있었다.

"선생님, 아무개 좀 퇴학시켜 주세요."

학급 분위기가 엉망이 되자 내게 찾아와 그런 말을 하는 아이까지 있을 정도였다.

"그럴 수는 없어. 그 애는 학교에서 떠나면 갈 곳이 없어. 나는 사람을 버리는 교육을 하고 싶지는 않아."

나는 그런 말로 달래고 설득을 했지만, 아이들이 그런 내 교육 방침을 온전히 받아들이기에는 너무 어렸다.

피해를 보는 더 많은 선량한 아이들을 위해 말썽꾼 하나를 교실에서 내쫓아야 한다는 논리는 결국 똑똑한 놈만 살아남아야 한다는 수월성의 논리로 귀결되기 마련이라는 것이 그 당시의 내 생각이었다. 하긴 그 무렵만 해도 학교를 벗어나면 패배자일 뿐이고, 자신의 삶 조차 제대로 살아 낼 수 없는 것이 현실이기도 했다.

수업이 끝나고 내려오다가 내 발걸음은 종종 우리 반 교실로 향하곤 했다. 그만큼 마음이 놓이지 않아서였다.

그런데 교실에 들어서면 늘 한 무리의 아이들이 모여 뭐가 재미있는지 웃음꽃을 터뜨리곤 했다. 칙칙하고 어둡고 암담하던 우리 반 교실에서 그렇게 웃을 일이 있다는 것이 얼마나 보기 좋았던지, 나는 빙그레 웃음을 짓곤 했다. 그 무리 가운데에 꼭 우경이가 끼어 있었다.

늘 밝고 환한 웃음을 짓던 아이가 우경이었다. 거무튀튀한 얼굴에 옷도 늘 같은 것으로 입고 다녀(그때는 교복 자율화였다) 집안이 넉넉

175

바다에 이르지 않는 강물처럼

하지는 않지만, 그래도 부모님 사랑 듬뿍 받고 자라는 아이라고 생각했다. 그러나 면담을 해 보니 우경이는 겉보기와 다르게 상처가 많은 아이였다.

"부모님은 농사를 지으세요."

평소의 웃음기 가득한 얼굴로 우경이는 내게 가족 이야기를 털어놓았다.

서울에 있는 학교라 부모님이 농사를 짓는 경우는 아예 없으니, 우경이의 대답이 신기하기까지 했다.

"어디서 농사를 지으시는데?"

"경상북도 봉화요."

봉화라면 내게는 일면식도 없는 고장이었다. 그저 내 외가가 있는 풍기에서 울진으로 넘어가는 깊고 깊은 산골이라는 것만 어렴풋이 알고 있는 곳이었다.

고추 농사를 주로 짓는다는 부모님, 형은 지금 군대에 가 있고, 여동생은 제천에서 자취를 하며 학교를 다니고 있다는 우경이의 가족사는 말 그대로 이산이었다. 가족이면서 서로 흩어져 살아야만 하는 아픔과 상처들이 그 아이의 말투에 쓸쓸하게 어려 있었다.

"저는 구로동 친척 집에 살아요. 부모님이 제 공부를 위해 서울로 보내셨거든요."

가족 이야기 끝에 우경이는 공부를 위해라는 말이 멋쩍은지 씨익 웃었다. 까만 얼굴에 하얀 이가 더 도드라져 보였다.

넌 아름다운 나비야

꿈이 뭐냐는 내 질문에 잠시 입을 다물고 생각에 잠겨 있던 우경이가 부끄러운 듯 몸을 꼬며 대답했다.

"글을 쓰고 싶어요."

그 말을 하는 우경이의 얼굴이 발그레해졌다.

가르친 것보다 한 발 더 앞서 자라는 아이들

그 무렵 나는 문단에 이름을 걸친 지 두 해 남짓 되는 초보 글쟁이였다. 그래도 학교에서는 시인이라고 이름이 나서 아이들 사이에 글 쓰는 선생님으로 알려져 있었다. 그런 담임에게 글을 쓰고 싶다는 이야기를 털어놓는 것이 부끄럽기도 하고 자랑스럽기도 했나 보다.

면담 후부터 우경이는 나를 더 잘 따랐다. 특별 활동도 내가 지도 교사로 있는 문예반에 들어 습작을 열심히 했다.

우경이가 쓰는 시는 또래의 아이들보다 훨씬 성숙했다. 세세한 기교보다는 자신의 감정을 솔직하게 드러내는 그의 시는 습작 시절의 내 시와 비슷했다. 주로 가족과 떨어져 지내야 하는 현실에 대한 고백과 고향에 대한 그리움을 사실적으로 그려 낸 우경이의

바다에 이르지 않는 강물처럼

시를 보며 나는 지난날의 서울 생활을 떠올리곤 했다.

나는 초등학교 5학년 무렵 서울로 전학을 했다. 우경이처럼 부모님은 고향에 계시고, 고등학생이던 누나와 둘이 자취를 했다. 그 당시 나는 서울이라는 낯선 문화에 적응하지 못하는 지진아였다. 그도 그럴 것이, 강원도 첩첩산중에 전깃불조차 들어오지 않는 곳에서 살던 내게 화려하고 휘황한 서울은 도무지 발붙일 곳조차 없는 막막한 곳일 뿐이었으니까. 더구나 부모님과 떨어져 살아야 했으니 서울에서의 내 삶은 늘 허공에 떠 있는 것처럼 불안했다.

아마도 우경이의 고등학교 시절 역시 나와 같았으리라. 어느 날, 면담에서 우경이는 한밤중이면 일어나 구로 공단의 골목길을 하염없이 돌아다니곤 한다며 막막한 표정을 짓기도 했다. 그 막막함이 내게도 고스란히 전해지는 것 같았고, 나는 우경이의 말을 들으며 내 초등학교 때의 시절로 돌아간 것 같은 착각에 빠지고 말았다.

문예반 아이들을 데리고 나간 대학 백일장에서 우경이는 차상을 받았다. 대학 입학 등록금이 장학금으로 걸린 큰 대회였고, 수상보다는 글에 대한 자신감을 찾는 계기가 될 수 있을 것 같아 나는 우경이의 수상이 더없이 기뻤다.

돌아보면 그해 일 년은 지옥에서 천국으로 왔다 갔다 한 해였다. 학년 초 온갖 말썽과 문제를 다 일으키던 아이들이 여름 방학이 끝나고 난 뒤부터는 눈에 띄게 달라지기 시작했다. 가출을 일삼던 아이도 학교에 흥미를 붙이기 시작했고, 학교에 불이 나기를 바라던 아이도 가끔 지각을 하긴 했지만 별 탈 없이 적응해 나가고 있었다.

그 당시 학생 회장 선거는 간선제였다. 나는 뜻있는 몇몇 선생님들과 마음을 모아 학생회 직선제를 교무회의 안건을 통해 통과시켰고, 그 학교에서도 처음으로 직선제 선거가 시작되었다.

그 선거에 우리 반 정원이가 부회장으로 당선되었다. 작은 키에 가녀린 몸집인데도 자신의 생각을 당당하게 밝힐 줄 알고, 올바른 의식을 지닌 아이였다. 우경이를 비롯한 여러 아이들이 정원이의 선거에 음으로 양으로 역할을 담당해 주었고, 그런 과정에서 우리 반은 학년 초와 달리 서로 협조하고 생각의 차이를 인정할 줄 아는 새로운 모습으로 바뀌어 갔다.

아이들과 담임의 호흡이 맞는다는 것이 얼마나 행복한 일인가를 나는 비로소 온몸으로 느낄 수 있었다.

이듬해, 아이들은 3학년으로 진급을 했고 나는 비담임이 되었다. 그래도 우리 반이었던 아이들과는 수업 시간에 만날 수 있어 행복했다. 모두들 잘 적응하며 힘겨운 고3 시절을 견뎌 내고 있는 것 같았다.

우경이도 여전했다. 겉으로는 활기차고 늘 친구들에 휩싸여 지냈지만, 속으로는 여리고 순수한 마음을 잊지 않고 있는 것 같았다.

바다에 이르지 않는 강물처럼

그 시절, 교육계는 오랜 상처가 곪아 터지기 시작할 때였다. 민족, 민주, 인간화 교육을 기치로 전교조가 창립 준비를 하고 있었고, 당국에서는 날마다 전교조 가입자를 전부 교단에서 퇴출시키겠다며 으름장을 놓았다.

나도 전교조에 가입한 교사였다. 날마다 일곱 시간의 정규 수업에, 강제적으로 시행되는 보충 수업과 역시 강제인 야간 자율 학습으로 밤 열 시가 넘어야 귀가하는 아이들의 참담한 현실을 깨뜨리지 않고는 교육이 존재할 수 없다는 생각이었고, 그 잘못된 교육 현실을 바로잡은 것이 전교조라는 믿음이 있었기 때문에 가입을 한 것이었다.

실제로 밤 열 시, 야간 자율 학습실의 문을 잠글 때면 "선생님, 집에 다녀오겠습니다." 하고 인사를 하는 아이가 있을 정도로 현실은 잔혹했다.

모든 전교조 가입 교사를 해임시키겠다는 발표가 나오고, 나는 마지막 수업이라는 생각으로 아이들에게 눈물 어린 수업을 해야 했다. 무엇이 올바르게 사는 삶인가를, 왜 생은 의미 있는 것이어야 하는가를 이야기하고, 말미에 나는 김진경의 시 '지금은 우리가 만나서'를 읽어 주었다. 수업을 마치고 나오는 길, 걸음은 무거웠고 마음은 슬펐다. 이제 다시는 이 교단에 설 수 없을지도 모른다는 생각이 나를 더 가라앉게 만들었다.

그날 점심시간이 끝나고 자리로 돌아와 보니 편지 한 장이 내 책

넌 아름다운 나비야

상에 놓여 있었다.

나는 천천히 편지를 펴서 읽었다. 읽다가 눈물을 왈칵 쏟고 말았다.
편지는 우경이가 또박또박 적어 놓고 간 한 편의 시였다.

마지막 수업엔
끝끝내 눈물을 보이셨습니다
하염없는 슬픔들을
이 자리에 묻어선 안 된다며
운동장이 끝나는 곳에 강물이 있고
교실 주위에 키 큰 버즘나무와
강바람이 몰아오는 햇살 가득한 교실에서
목소리 높은 노랠 함께하자시던 바램도
남을 밟고 서기보다
남을 위해 사는 삶의 의미를
보충 수업과 자율 학습의 울분으로 이야기하시던
그 분노들도 모두 아픔이 되어
마지막 수업 시간
읽던 시를 기어이
마저 읽지 못하셨습니다
바람만 들어
책장이 넘겨지는 소리

바다에 이르지 않는 강물처럼

우리들의 시야에서도 흐려지고
복도에 기대어 애끓은 안경만 닦고 계셨지만
막막한 어둠
그 어둠을 뚫으며 누군가 낮게 외고 있는
기어이 못다 읽고 울먹이던 시

지금은 우리가 만나 고통뿐일지라도
더욱 크게 소리치며 함께 외는
오라, 벗이여 형제여 사랑하는 사람이여.

나는 가르친다고 했지만, 아이들은 내가 가르친 것보다도 한 발 앞서 자라고 있었다. 거꾸로 나는 아이들을 통해 배우고 있었음을, 우경이는 이 시로 내게 보여 주었다.

학교 밖에서 만나 나를 위로하던 아이들

그 후 오랜 세월이 흘렀다. 우경이는 졸업을 했고, 나는 해직 교사로 몇 년의 삶을 이어 갔다. 그동안 우경이는 소식이 없었다. 같은 반이었던 아이들 몇과, 같은 반은 아니었지만 내 수업을 들었던 그 시절의 아이들 몇이 내 해직 기간 내내 종종 나를 찾아오곤 했다. 학생 회장이었던 용호, 부회장이었던 정원이, 영훈이, 제형이, 기성이는 내 해직 기간 내내 나에게 힘과 용기를 준 친구들이었다.

그들은 때로 막걸리를 마시며, 더러는 함께 밥을 먹으며, 교육운동을 위해 교직을 걸었던 나의 행동이 잘못된 것이 아니었음을 깨우쳐 주곤 했다. 어느 해였던가, 스승의 날 무렵 그들은 내게 저녁을 사겠다며 모였다. 대학생이라 넉넉하지 않은 형편이었을 텐데도 아이들은 뷔페 식당을 예약하고, 함께 밥을 먹으며 청춘의 한 시절 이야기를 내게 들려주었다. 그 이야기 끝에는 우경이의 안부가 이어졌다. 모두들 소식을 모른다며, 이 자리에 우경이가 함께 있어야 한다는 말을 했다.

"우경이가 선생님 수제자였잖아요."

그런 말을 하는 친구도 있었다.

나는 지금도 그날 저녁의 감동을 고스란히 기억한다. 식사를 마치고 어두워진 거리로 나왔을 때였다. 거리에는 비가 내리고 있었다. 나를 바래 주기 위해 버스 정류장에 모여 있던 아이들이 갑자기 나를 둘러싸고 노래를 불렀다. 〈스승의 은혜〉였다. 아이들은 비에 젖으며 노래를 불렀고, 나는 빗줄기에 숨어 울었다. 아마 그 아이들도 눈물을 흘렸을 것이다.

교단에 있지 못하고 학교 밖에서 아이들과 만나야 하는 스승의 처지를 자신들의 눈물과 노래로 달래 주려 했던 것일까? 세상에서 가장 맛있는 밥을 먹고, 세상에서 가장 행복한 노래를 듣고 난 뒤, 나는 버스를 타고 돌아왔다. 마음이 마치 구름 위에 떠 있는 것처럼 부풀어 올랐다. 아이들이 내게 준 희망과 신뢰 때문이었다. 그리고 나는 그 행복한 한 순간, 우경이를 떠올렸다. 어디선가 잘 살고 있겠지, 적응하기 힘들었던 서울 생활도 이제는 견뎌 내고 이겨 낼 만큼 컸겠지, 하는 생각도 들었다.

어느 날엔가, 우경이가 편지를 보내왔다. 해군에 있다고, 선생님 주소가 바뀌지 않았을 거라고 믿고 보낸다는 우경이의 편지에는 군대라는 또 다른 낯선 사회에서 상처받고 힘들어 하는 어린 소년의 심정이 담겨 있었다. 제대를 하고 나면 다시 글을 써 보고 싶다는 말로 끝나던 그의 편지는 쓸쓸했다. 하염없이 바다를 바라보며 자신의 외로움을 삭여야 했을 우경이의 마음이 되잡혀 와 나는 한동안 편지지만 망연히 바라보았다.

부끄러운 날, 스승의 날

다시 몇 해가 흘렀다. 나는 복직을 했고, 해직 교사인 내게 뷔페를 사 주던 아이들도 다 대학을 졸업하고 사회인이 되었다. 은행에 취업을 한 아이도 있었고, 신문 기자가 된 아이도 있었다. 내게 한문을 배웠고, 대학에서 한문학을 전공했고, 고전번역원에서 번역 일을 하는, 어떻게 보면 내 뒤를 잇는 제자도 있었다. 몇몇은 여전히 어려운 처지이기도 했지만, 그래도 모두들 사회 초년생으로서 자신들의 자리를 잡아 가고 있었다.

그리고 그 아이들은, 스승의 날에 내게 뷔페를 사 주던 것처럼, 스승의 날 무렵이면 모두들 모여 내게 밥을 샀다. 이제는 싼 뷔페가 아니라 때로는 호텔 뷔페거나 아니면 그럴듯한 중국집에서였다.

스승의 날은 교사에게는 부끄러운 날이라는 생각에 행사에도 참석하지 않거나, 학급 아이들에게도 아무 준비도 하지 말라고 했지만, 졸업한 그 아이들과의 만남은 스승의 보람을 일깨워 주는 소중한 자리였기에 나는 마다하지 않고 참석했다.

스승의 날을 앞둔 어느 날이었다. 정원이가 전화를 해 왔다.

"선생님, 이번 모임에는 우경이도 나오게 됐어요."

"아니, 어떻게?"

나는 깜짝 놀랐다. 도통 연락이 없었기에 소식이 더 궁금했다.

"동창들 통해서 연락처를 알았나 봐요. 제게 전화를 해 왔더라고요. 선생님 애길 했더니 뵙고 싶다며 꼭 나온대요."

전화를 끊고 난 뒤 나는 마음이 설레어 잠을 이룰 수가 없었다. 잘 살고 있었겠지, 글은 아직 쓰고 있는지 몰라, 무슨 일을 하고 있을까, 그런 생각들이 꼬리에 꼬리를 물고 이어졌다.

모임에 나온 우경이는 옛 모습 그대로였다. 조금은 의젓해지고, 말투도 사려 깊어지긴 했지만, 여전히 활기차고 여전히 밝았다.

"그동안 찾아뵙지 못해서 죄송합니다."

우경이는 내게 넙죽 절을 했다. 나는 조금은 어색해하며 그 절을 받다가 문득 '이제 고등학생 때의 상처들은 다 아물었을까?' 하는 생각을 했다.

저녁을 먹고, 술도 몇 잔 마시고, 모두들 조금 취해 목소리가 높아질 무렵 나는 우경이에게 물었다.

"글은 쓰고 있냐?"

내 질문에 우경이는 잠시 망설였다. 나의 기대가 마음의 빚으로 남아 있는 것 같은 표정이었다.

"생각은 하고 있어요. 죄송해요."

글을 쓰지 않고 있다는 게 뭐 죄송한 일일까? 어쩌면 내게 죄송한 것보다는 자기 자신에게 아직도 풀지 못한 상처 같은 것이 남아 있음을 알고 있기 때문에 그런 말을 한 것인지도 모른다.

넌 아름다운 나비야

"그래도 한동안 글을 쓰기는 했어요."

변명처럼 우경이는 그동안의 삶을 털어놓았다. 딴지일보 기자로 글 쓰는 일을 한동안 해 왔단다. 그러다가 지금의 회사에 다니게 되었고, 회사 일에 쫓기다 보니 글과 멀어지게 되었다며, 그렇지만 늘 글을 써야겠다는 생각은 하고 있다고 씨익 웃었다.

술이 취하자 우경이는 글에 대한 자신의 생각을 털어놓기도 하고, 여전히 서울이라는 팍팍한 도시 생활에 적응하지 못하고 있다는 말을 넋두리처럼 풀어내기도 했다.

그 무렵 나 역시 서울 생활에 한계를 느끼고 있을 때였다. 오랜 세월 서울에 뿌리 내리고 살았지만, 그 뿌리가 땅속 깊이 뻗지 못하고 허공에 떠 있는 것 같이 덧없다는 생각을 자주 하곤 했다.

"내가 고향에 작은 집을 하나 마련했단다. 주말이면 내려가 얼치기 농사를 짓고 있지. 아무래도 우경이 네 말처럼 서울은 내가 살 곳이 아닌 것 같아서. 언젠가 퇴직하면 내려가 살 생각이다."

우경이의 넋두리에 내가 그런 말을 덧붙이자 아이들 모두가 반색을 했다.

"드디어 선생님 꿈이 이루어지는 거네요."

"우리 학교 다닐 때 선생님께서 수업 시간에 고향에 내려가시겠다는 말을 하신 적이 있어요."

너도 나도 한마디씩 하다가 정원이가 불쑥 제안을 했다.

바다에 이르지 않는 강물처럼

"그럼 내년 스승의 날부터는 선생님 고향 집에서 모이면 어때요?"

"그러면 나야 좋지."

내가 고개를 끄덕이자 아이들이 모두들 한마디씩 했다.

"마당에서 삼겹살 숯불구이를 해 먹으면 좋겠다."

"밭일도 도와드릴 수 있어요."

"그럼 우리 농활 가는 건가? 농촌 활동 말이야."

아이들은 모두 꿈에 부풀어 있는 것 같았다. 그만큼 도시에서의 생활에 지치고 찌들었다는 반증이리라.

그날 밤은 모두들 즐겁게 취했다. 오랜만에 만난 새 친구 우경이를 환영한다는 건배가 이어졌고, 내년부터 내 시골집에서 만날 부푼 기대를 담은 건배도 몇 차례였는지 모를 정도다.

사랑하면 그냥 같이 살아 아니면 도망 가

"선생님, 저 사랑하는 사람이 있어요. 그런데 그 사람 어머님이 심하게 반대를 해요."

술이 취하자 우경이는 자신의 연애담을 펼쳐 놓기도 했다. 취해 털어놓는 우경이의 이야기에 따르면 여자 친구의 어머니는 결혼

무용론자인 것 같았다.

"사랑하면 그냥 같이 살아. 아니면 같이 도망가."

술이 취한 나는 그런 소리를 내뱉은 것 같았다. 사랑을 하는 것은 얼마나 아름다운 일인가, 사랑은 어떤 장애도 다 넘어 버릴 수 있기 때문에 강하다, 얼마나 긴 인생이라고 사랑하는 사람과 헤어지면서 살아야 한단 말이냐, 뭐 그런 엉뚱한 소리를 술김에 '사랑론'이랍시고 털어놓기도 했다.

그리고 다음 해부터 스승의 날 모임은 내 고향 보리소골에서 갖게 되었다. 그러는 사이 제자들 몇몇은 결혼을 했고, 아이를 낳았고, 그 아이들을 데리고 내 고향 집을 일 년에 한 번씩 찾아왔다. 온갖 꽃들이 피어날 무렵인 오월, 마치 제 고향 집에 찾아오는 것처럼 제자들은 가족의 손을 이끌고 와서 삼겹살을 구워 먹고, 고구마를 심기도 하고, 밤새 술을 마시며 사는 이야기들을 들려주었다. 우경이는 여전히 지지부진인 자신의 연애사를 털어놓고, 나와 친구들의 자문을 구하기도 했다.

어쩌면 그 자리는 스승과 제자가 만나는 것이 아니라 함께 나이들어 가는 친구들의 모임 자리 같았다.

"선생님, 이번 주 언제 시간 되세요? 제 여자 친구와 한번 뵐까 하구요."

우경이가 전화를 걸어왔다. 이제는 여자 친구 어머니 허락을 받았나, 하는 생각을 하며 만나기로 한 곳에 나가니, 수수하게 곱고

바다에 이르지 않는 강물처럼

차분한 아가씨가 꾸벅 인사를 했다. 한눈에 보아도 성품이 수더분하니 우경이와 잘 어울릴 것 같은 아가씨였다.

"저희 결혼하기로 했어요. 선생님, 주례 서 주실 거죠?"

우경이가 여전히 밝은 목소리로 아가씨를 소개하며 말했다. 오래 전부터 우경이에게 결혼을 하면 주례를 서 주겠다고 약속을 했으니 망설일 필요도 없었다.

"그래, 당연히 서야지. 결혼식은 어디서 하니?"

"봉화에서요. 제 고향이라 친척들 오시기도 좋을 것 같아서요."

우경이가 대답하고, 아가씨는 고개를 끄덕였다.

신부 측 가족들은 오기 불편하겠다는 생각이 들다가 문득 신부 어머님이 결혼을 반대했다는 데 생각이 미쳤다.

내 걱정을 눈치챘는지, 우경이가 조금 진지해진 말투로 입을 열었다.

"실은 장모님이 여전히 결혼을 반대하고 계서요. 아마 결혼식에도 오시지 않을 것 같아요."

우경이가 말을 하는데, 아가씨가 고개를 푹 숙였다.

얼마나 속을 끓이고 애를 태웠을까? 어머니의 허락을 받지 못하고 결혼식을 치러야 하는 신부의 마음이 짐작되어 내 마음조차 아련해졌다.

"이 친구도 더는 기다릴 수 없다고 판단했고요, 저도 이제는 결혼을 해야겠다는 생각이 들었어요. 세월이 흐르면 이해해 주시겠지요."

그렇게 말하며 우경이는 싱긋 웃었다. 어려운 상황에서도 오히려 웃음으로 어려움을 이겨 낼 줄 아는 우경이기에 나는 고개를 끄덕이며 그 둘의 결혼을 축하해 주었다.

"그래, 서로 사랑하며 살면 언젠가는 이해해 주실 거야."

"선생님께서 주례를 서 주시니 그래도 마음이 든든해지는 것 같아요."

그런 말을 남기고 두 연인은 내 시야에서 사라져 갔다. 나는 괜히 눈시울이 붉어지는 것 같았다. 사랑을 하면서도 만나지 못하고, 헤어져 평생 그리워만하면서 사는 것보다는 온갖 난관을 넘어 결혼을 하는 우경이가 행복한 것이리라.

결혼식에는 신랑 측 하객들이 북적거렸지만, 신부 측은 어머니 없이 몇몇 친척들만 자리 잡고 있었다.

나는 우경이의 고등학교 시절 이야기와 그동안 나와 만났던 일들을 주례사로 대신했다. 그리고 말미에 내 첫 시집에 실었던 우경이 이름을 제목으로 삼은 시를 낭송했다.

개었다 비오고 비오다 다시 개인다는
한시를 읽다 문득 우경이 너를 생각한다
비 우자에 볕 경자
네 이름만큼 개이고 흐린 우리들의 시대
다시 한 연대가 저물고

되밝아오는 새해의 햇살도
너의 시만큼 맑게 빛나지는 않으리라
형은 군대로 동생은 제천의 자취방으로
너는 또 구로동 친척 집으로
뿔뿔이 흩어져 사는 너의 가족사가
이번 겨울 동안만이라도 지워질는지
입학 시험을 마치고 내려가는 쓸쓸한 어깨가
더욱 가라앉아 보였지만
나는 기억한다
새벽이면 잠 못 들고 공단길을 방황하면서도
쉬는 시간엔 교실을 웃음바다로 만들던
너의 그 선한 눈동자를
모두들 돌아간 텅 빈 교무실에서
함께 나누던 숱한 이야기들을
노동과 삶과 교육과 분단에 대한
너의 말들은 하나하나 비수가 되어
갈라진 조국, 반쪽의 무명 교사를
부끄럽게 했다, 가르친 것이 아니라
더 많은 것들을 배우면서 이제
나는 너의 길을 지켜볼 수밖에 없다

볼 때마다 우경이는 고향에 돌아가고 싶다고, 자연에 묻혀 농사를

지으며 사는 것이 꿈이라는 말을 했다.

느리게 사는 행복이야말로 자신이 꿈꾸는 삶이라며,

숨 쉴 틈 없이 돌아가는 서울의 삶에 대한 회의를 털어놓더니,

정말 자신의 소신 대로 훌훌 털어 버리고

고향으로 돌아갔다는 것이다.

네가 쓰는 시들처럼 어둠도
마음으로 밝혀가며 걸어가거라
그 길의 어느 자락에서 우리 만나
타오르는 봄을 맞이하리니

그 시를 읽다 나는 그만 목이 메어 잠시 숨을 멈출 수밖에 없었
다. 그 맑고 순한 얼굴로, 올바른 생각으로 살아온 아이가 자라 이
제 배필을 맞는데, 모두의 진심 어린 축하를 받아야 하는 자리에
한쪽 가족이 없다는 것에 마음이 아파서였다.

이제 우경이 부부는 아들 하나를 낳고, 스승의 날 모임에는 아들
앞세우고 보리소골 내 고향 집에 찾아온다. 아토피가 심한 아이를
위해 유기농 이유식을 직접 만들어 싸 들고 오는 우경이 색시를 보
면, 그의 선택이 올바른 것이었음을 새삼 깨닫게 된다.

볼 때마다 우경이는 고향에 돌아가고 싶다고, 자연에 묻혀 농사
를 지으며 사는 것이 꿈이라는 말을 했다. 느리게 사는 행복이야말
로 자신이 꿈꾸는 삶이라며, 숨 쉴 틈 없이 돌아가는 서울의 삶에
대한 회의를 털어놓더니, 정말 자신의 소신 대로 훌훌 털어 버리고
고향으로 돌아갔다는 것이다.

어쩌면 우경이 부부는 진정한 행복의 길을 찾아 간 것이리라. 내
가 오랜 교직의 길을 접고 고향으로 돌아온 지 꼭 6개월 뒤 우경이
도 서울에서의 삶을 접고 고향으로 돌아가 농사를 짓게 되었으니,

넌 아름다운 나비야

사제 간의 인연치고는 참 묘하고 기이하다고 하지 않을 수 없다. 어쩌면 우경이는 내가 걸어온 길을 나보다 앞서 걷고 있는지도 모른다.

올 스승의 날에는 제자이자 친구가 된 여러 아이들과 함께 우경이의 귀농을 축하하는 잔치를 벌여 보면 어떨까? 내 고향인 보리소골이든, 아니면 우경이가 새로 터를 잡은 봉화든 다 좋으리라.

그 자리에서 나는 내 길을 함께 걸어 준, 내게는 오아시스 같은 아이들에게, 올곧게 잘 커서 당당하게 살아가는 우경이를 비롯한 내 어린 벗들에게 만취해 쓰러진들 어떠리.

세상의 모든 제자는 사막의 빛나는 오아시스다

중국 서북쪽에는 세계에서 두 번째로 큰 사막이 있다. 그 사막의 이름은 타클라마칸이다. 동서양을 잇는 길인 실크로드가 이 사막을 지나간다. 일찍이 인도로 구법의 길을 떠난 동진의 법현 스님은 이 사막을 '하늘을 나는 새 한 마리 없다. 땅을 기는 짐승 하나 없다. 오직 앞서 간 사람의 해골로 이정표를 삼을 뿐이다.'라고 했다. 그만큼 아득하고 막막한 사막이다.

195

나는 두 차례 이 사막을 떠돈 적이 있다. 그 중 한 차례는 사막의 한가운데를 가로지르는 길고 긴 강물 '타림하' 주변에 머물렀다. 총길이 2,179km의 긴 강인 타림하는 천산 산맥과 곤륜 산맥의 만년설이 녹아 형성되었다. 그래서 눈이 녹는 쨍쨍한 날에 홍수가 일어나기도 한다.

타림하는 사막을 흐르며 곳곳에 물을 흘려 보낸다. 그 물로 사막 속에도 사람이 모여 살아갈 수 있고, 마을이 만들어진다. 그런 마을들이 바로 오아시스다. 아주 큰 오아시스 도시도, 작디작은 오아시스 마을도 이 강물 때문에 존재한다. 그리고 마침내는 흐르고 흐르다 제 목숨을 다하고 강물은 사라진다. 그래서 타림하는 바다에 이르지 못하고 사막에서 끝나는 강이다. 이런 강을 내륙하라고 부른다.

나는 작년 8월, 30년 가까운 교직 생활을 명예 퇴직이라는 이름으로 끝냈다. 건강이 악화되기도 했고, 학교 현장의 막막함을 견디지 못하기도 한 때문이다.

마지막 강의 시간, 나는 아이들에게 이 타림하 이야기를 들려주었다. 아득한 사막의 길을 달려온 강물이 마침내 자신을 버리고 사라지는 것처럼 교사란 어쩌면 길고 긴 길을 걸어오며 자신을 사라지게 하는 존재인지도 모른다고. 그러나 곳곳에 있는 오아시스들이 타림하가 세상에 자신의 목숨처럼 수놓은 결과물이라면, 내게는 너희들이 바로 그런 오아시스라고 말하면서 눈물을 글썽였다.

넌 아름다운 나비야

아이들도 나와 함께 눈물을 흘렸는데, 내 교직 생활에서 가장 감동적인 한 장면으로 그 날이 기억된다.

어쩌면 교직은
수많은 오아시스 같은 아이들 때문에
빛나는지도 모른다.
내게 오아시스인 아이들은 얼마나 될까?
손으로 헤아릴 수 없을 만큼 많은 오아시스가 있어
나는 행복한 타림하였으리라.
그리고 그 오아시스 중 빛나는 하나가
우경이와 함께 '스승의 날' 모임을 갖는 아이들이 아닐까?
세상의 모든 제자들은
다 저마다 빛나는 오아시스임을,
교직을 떠난 지금 더욱 새삼스레 깨닫는다.

바다에 이르지 않는 강물처럼

믿음을 먹고
자라는 아이들

강봉구

마흔을 훌쩍 넘긴 나이에 , 용감하다고 해야 할지, 무모다하고 해야 할지, 선생님

이 되겠다고 교육대학원에 진학했고, 은빛 바다가 보이는 충남 보령의 모교에서

교생 실습까지 마쳤다. 속칭 '굶는과'라고 불리던 학과를 나왔으나 다행히 출판계

에 들어와 이십여 년 굶지 않고 근근히 살아왔다. 중 · 고등학생용 참고서를 만드

는 출판사에 다니던 어느날, 단행본 출판의 매력에 빠져 잘 다니던 직장을 그만

두고 출판사를 차렸다. '함께 만들어가는 즐거운 책 세상'을 모토로 하는 작은 출

판사에서 책과 씨름하는 것과 사람들을 만나서 책 이야기 하는 것을 낙으로 삼고

있다.

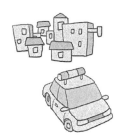

　강산이는 교탁 바로 밑에 앉아 한 달 내내 내 마음을 애태우던 녀석의 이름이다. 죽이고 싶을 만큼 밉다는 '중2'다. 나를 물끄러미 바라보고 있거나 알 수 없는 미소를 지을 뿐, 농담 섞인 몇 마디 외에 말을 잘 섞지 않았던, 다른 아이들과는 좀 달랐던 녀석이었다. 그러나 눈빛만큼은 따스한, 그래서인지 왠지 모르게 정이 가는 녀석이었다. 살다 보면 받은 것도 없는데 정이 가는 사람이 있지 않은가! 강산이는 내게 그런 아이였다.

　"증말 선생님 할 거유?"
　"출판사 사장님이 뭐 아쉬워서 선생을 헐라구 그류? 아유 이 골칫덩어리들허구…… 아이구."

한겨울의 추위를 미처 몰아내지 못한 새침데기 봄 기운이 머뭇거리던 이른 봄날, 아버지 또래의 늦깎이 교생이 나타나자 시골 학교가 좀 들썩였다. 스무 살이나 어린 선생님도 있었고, 동갑내기 수석 교사도 있었으며, 열네 살 소년의 마음을 흔들어 놓았던 첫사랑 영어 선생님도 있었다. 사춘기 시절의 풋내가 교정 곳곳에 숨어 있던 모교에 쉰을 앞둔 늙은(?) 교생이 나타난 것이다.

교사가 된다고 하더라도 정년까지 남은 기간은 불과 10여 년뿐. 나이를 먹을 대로 먹은 교사를 받아 줄 학교도 없을 뿐더러 현실적으로 교사가 되기도 쉽지 않은 나이였다. 설사 교사가 된다고 하더라도 박봉을 견딜 수 있을지, 아이들과 잘 지낼 수 있을지 걱정이 안 되는 것은 아니었지만 현실적인 것은 크게 문제가 되지 않았다. 내게 필요한 것은 교사라는 직업이라기보다는 '교사 자격증'이었기 때문이다. 3년 전 교육대학원에 입학했던 이유도, 교생 실습에 온 것도 모두 그것 때문이었다. 하지만 나이 들어 교생 실습에 온 사연을 어찌 구구절절 말로 다 할 수 있겠는가. 강산이처럼 그저 알 수 없는 웃음을 지을 수밖에.

넌 아름다운 나비야

못다 이룬 어머니의 꿈을 위해

어머니.

생각만 해도 눈물 나는 이름이다. 불과 쉰셋의 나이에 아버지와 육 남매를 남겨두고 홀로 떠나셨으니, 그때 내 나이 갓 스물이었다.

중·고등학교 시절, 글 좀 쓴다는 소리를 여기저기서 들어서일까. '기자'란 게 되고 싶었다. 기자가 뭔지도 잘 모르면서 그냥 기자가 되고 싶었던 것 같다. 고등학교 시절 반에서 1, 2등을 다투던 친구들이 서울로 대학 가는 걸 보고 부러웠던 것일까. 지방에 있는 사범대학에 가라는 어머니의 소원을 외면하고 서울행 기차에 몸을 싣고 말았다. 더구나 1980년대 중반의 대한민국에서 교사는 인기 직업도 아니었고, 학교에서 공부 좀 한다는 애들은 법대니, 상대니, 공대니 하는 데를 들어가던 시절이었다.

농촌기술직 공무원으로 정년퇴직을 하신 아버지는 내게 뭐가 되라고 한 적이 단 한 번도 없었다. 그러나 어머니는 달랐다. 일제 강점기에 대전여고를 나온 인재였다는 외할머니의 말씀을 자랑처럼 가슴에 새기고 다니기는 했지만, 어머니의 꿈이 교사였다는 이야기를 들어 본 적은 없었다. 하지만 어머니의 바람은 내게 너무 큰 벽이어서 나도 모르게 기자가 아니면 교사가 되겠다는 생각을 했던 것 같다. 그래서 학력고사를 마치고 난 뒤에 전문 교사 양성을 목적으로 만든 국립 교원대라는 곳에 당당히 원서를 냈었다. 그런데 결과는 낙방. 담임 선생님도 내심 기대하고 있었지만 개교 첫해의 입시 경쟁률은 서울대 못지 않았다. 정보도 없었고 실력도 모자랐다. 교원대에 보기 좋게 낙방한 후 서울에 있는 한 대학의 국문학과에 원서를 냈다.

내가 원하는 게 정말 무엇인지, 내 적성이 뭔지도 잘 모르면서 고등학교 3년을 보냈다. 다만 엘리트 의식에 사로잡혔던 고등학교 시절의 적성검사지 결과가 '단순 노무직, 근로자'라는 것에 '아니 내 적성이 고작 노가다란 말이야?'라며 분노하던 기억만은 뚜렷하다. 그땐 노동자란 말이 그렇게 신성한 말인지 알지 못했다. 어쨌든 어머니의 뜻을 받들지 못하고 말았다.

대학에 가기만 하면 모든 고통이 끝나고 행복이 시작될 거라는 선생님과 어머니의 말씀이 공부를 시키기 위한 달콤한 거짓말이었음을 알게 되기까지는 그리 오랜 시간이 걸리지 않았다. 1980년대 중반의 대학은 살벌 그 자체였다. 수배자를 잡거나 불온서적을 소지한 학생을 잡기 위해 불심 검문을 하는 경찰이 늘 학교 앞 버스 정류장에서 교문까지 지키고 있었고, 심지어 시위가 있는 날에는 학교 도서관까지 난입하여 선배와 동료 학생들을 잡아가기도 했다. 지금은 아무렇지도 않게 보는 책을 숨죽여 읽어야 했고, 함께 막걸리를 마시며 김지하의 시를 노래로 불렀던 선배들은 몇 달

동안 학교에 나오지 않았고, 또 어떤 선배들은 교문 앞에서 전경들에게 끌려가기도 했다. 그들이 왜 끌려가야 했는지 그 이유도 잘 알지도 못하면서 분노했고, 노여워했다. 그러다가 4·19를 만났고, 80년 광주를 만났으며, 해방의 진실과 근대의 역사를 만났다. 그리고 그 만남에 문학이 있었다. 문학을 토론하고 시대를 함께 울고 아파하던 후배와 선배들이 하나 둘 대학 교정에서 사라졌다. 그러는 사이 나도 모르게 역사와 양심이 이끄는 대로 살겠노라고 다짐하게 되었다. 유서를 써서 가슴에 품고 다니던 시절이었다. 역사에 부끄럽지 않게 살겠다고 수백 번 다짐하면서, 민주주의를 위해 산화해 간 많은 사람들을 생각하면서, 그렇게 살던 어느 날 눈을 뜨니 나는 도서관과 강의실이 아닌 화염병을 든 채 아스팔트 위에 있었다.

그러나 그해, 이제 막 역사에 눈뜬 대학 초년생이었던 나는 어머니와 원하지 않은 이별을 해야 했다. 장남이 교사가 되는 길을 선택하지 않은 것에 대해 못마땅해 하셨지만 단 한 번도 내색하지 않으셨던 어머니였다. 여름 방학을 맞아 고향에 내려왔다가 2학기 개강을 맞아 다시 서울로 떠나는 장남에게 줄 반찬을 바리바리 싸 들고 대천역에 나와 기적 소리가 들리지 않을 때까지 대천역 광장을 떠나지 않으셨던 어머니였다. 평소 고혈압이 있으셨던 어머니는 장남을 서울로 떠나 보낸 그날 저녁에 쓰러져 끝내 돌아오지 못했다.

믿음을 먹고 자라는 아이들

그로부터 정확히 25년 후. 왜 그랬을까. 나이 사십을 넘겨 이제
는 내가 원하는 삶을 살아야겠다고 다짐하고 또 다짐하면서 들어
간 곳이 바로 교육대학원이다. 어머니가 못 이뤘던 꿈, 그리고 시
대의 요구에 떠밀렸다고 자위하며 포기했던 꿈, 그러나 청소년과
선생님들에게 꼭 필요한 책을 만들자며 단행본 출판을 시작하면
서 다시 꾸게 된 꿈. 그 꿈을 실현하기 위해 무모하게도 마흔다섯
의 나이에 교육대학원에 들어간 것이다. 그리고 모교에 늦깎이 교
생이 되어 나타난 것이다.

초등학생
금품 갈취 사건

강산이는 늘 말이 없었다. 그러나 강산이의 눈빛은 따스했다.
같은 반 친구들은 강산이를 무서워하는 것 같았지만, 강산이는 교
생인 나를 형처럼, 아니 아버지처럼 따르는 듯했다.

"우리 반에서 눈여겨봐야 할 녀석은 김강산이라는 놈유. 1학년
때는 가출한 경험도 있슈. 서울 워디로 갔다 왔는디, 지가 가서 잡
아왔슈. 그러니 교생 선생님도 알아 두슈."

교생 실습의 첫 일주일은 조회와 종례에 들어가 아이들 이름을

외우고 상담하는 일을 주로 했다. 그리고 이어진 강산이와의 조금은 어색한 첫 대면. 예사롭지 않은 아이라는 것을 직감할 수 있었다. 뾰족하게 튀어나온 광대뼈와 날카로운 눈빛 그리고 다른 아이들과는 다른 헤어스타일. 항상 입가를 떠나지 않았던 그 알 수 없는 웃음. 녀석이 착하고 마음 여린 아이라는 것을 느끼는 것은 어려운 일이 아니었다. 그러나 알 수 없었던 그 웃음 뒤에 숨겨진 외로움이 더 궁금해졌다.

"강산이가 좀 사고도 치고 그러지만, 원체는 착한 애유. 마음도 여리구유."

담임 선생님은 강산이에 대해 자세하게 설명했지만 강산이가 착한 아이라는 것을 나는 대번에 느낄 수 있었다. 소위 대부분의 문제아라고 낙인된 아이들 대부분은 외롭고 착하고 여린 아이들이었기 때문이다.

정신 없이 1주차 교생 실습이 끝나고 2주차에 들어갈 무렵이었다. 아이들의 이름과 얼굴을 서로 호응시켜 가던 그 무렵, 강산이가 교무실에 불려 왔다.

"너, 임마. 또 왔냐? 이번에 뭔 일이여?"

점심시간이 끝나고 5교시가 시작되자마자 강산이가 교무실에 끌려온 것이다.

"너…… 초딩 삥 뜯었냐?"

믿음을 먹고 자라는 아이들

"아뉴. 삥 아뉴."

"그럼 빌렸냐?"

"아뉴. 그냥 달라고 했슈. 빵 사 먹을라는디 돈이 없어서 그냥 달라고 했슈…… 걔가 그냥 줬슈."

"야, 이눔아. 그 말을 지금 나한티 믿으라는겨. 이눔이 워디서 설레발여?"

"아이구, 증말 아니라니께유."

강산이와 학생부 선생님의 대화였다. 무슨 사건인지 대번에 감이 왔다.

강산이는 내 모교이기도 했던 초등학교 뒷마을에 살았는데, 그 근처에서 초등학교 5학년 아이의 돈 이천 원을 갈취했다는 것이었다. 공교롭게도 그 아이는 초등학교 교사였던 엄마에게 사실을 말했고, 그 어머니가 학생부 선생님께 이야기해 줘서 사건화된 일명 '초등학생 금품 갈취 사건'이었다. 자칫하면 금품 갈취로 경찰서에 갈 수밖에 없는 상황이었다.

상황이 좋지 않았다. 당시는 더구나 국가가 학교 폭력과의 일대 전쟁을 선포한 시기였기 때문이다. 교생 실습을 하던 기간에도 경찰이 두 번씩이나 학교에 다녀간 적이 있을 정도였다. 한 번은 학교 폭력 신고를 받고 출동한 것이었고, 한 번은 전교생을 모아 놓고 학교 폭력 예방 교육을 하기 위해서였다. 학생 하나가 친구에게

넌 아름다운 나비야

심한 욕을 했는데, 욕을 들은 아이가 휴대 전화로 엄마에게 전화를 한 것. 엄마는 즉각 경찰서로 신고를 했고, 신고를 받은 경찰이 학교로 출동한 것이다.

"지들도 어쩔 수 없습니데이, 신고가 들어왔으니까 출동을 안 할 수 없어애."

사건을 처리하고 교무실을 나가면서 던진 담당 경찰관의 말이었다. 뭐든지 국가에서 하면 그것 자체가 곧 업무가 되고, 업무가 되면 자료가 남아야 하고, 그래서 아주 사소한 것도 침소봉대되는 거구나 하는 생각이 들었다.

"니가 계속 잡아떼면 경찰을 부를 수밖에 없어. 그러니께 사실대로 말허는 게 좋아잉. 월매나 뜯은겨, 잉?"

"아니라니께유. 왜 자꾸 그류."

강산이를 변호해 줄 만한 증인이나 증거는 없었다. 난처한 상황이었다.

'강산이가 안 그랬다고 허잖어유. 그럼 아닌 것이지. 선생님이 학생 말을 믿어야지, 그 초등학생 말만 믿으면 안 되잖유?'

입 속에 이런 말들이 빙빙 돌았지만 교생 처지에서 나설 수도 없는 노릇이었고, 그렇다고 강산이가 범인이 아니라는 증거도 없는 상황이었다.

그렇게 혼자 갈등하면서 상황을 지켜보던 나를 구제해 준 것은 바로 담임 선생님이셨다.

"이 강산이 이 눔 또 왔구먼. 너 임마 선생님 하고 약속했잖여. 다시는 안 그런다고. 잉……."

강산이는 초범이 아니었다. 작년에도 비슷한 일로 홍역을 치른 일이 있었다는 것을 나중에 담임 선생님으로부터 들을 수 있었다. 어쨌든 강산이는 담임 선생님 덕분에 경찰에 잡혀가는 일도, 경찰이 학교에 출동하는 일도 없었고, 정학을 당하지도 않았다. 학생부 선생님으로부터 강산이를 인계받아 상담실로 간 담임 선생님은 강산이에게 일주일 동안 방과 후에 화장실 청소를 할 것과 반성문을 써서 제출할 것을 벌로 내린 후 일을 매듭지으신 것이다.

강산아
어디에 있니?

그러나 진짜 일은 다음 날 벌어졌다. 방과 후에 남아서 반성문을 쓰던 강산이가 가방을 그대로 둔 채 학교를 빠져나간 것이다. 그리고 열흘 동안이나 종적을 감춘 것이다. 가출이었다.

"강 선생님, 이번에 제 수업 좀 들어가서야 허것슈? 선생님은 나이도 있으시구 허니께, 아예 이번 주부터 수업을 하셔유. 맘대로 허셔도 돼유."

넌 아름다운 나비야

"아니, 제가 벌써…… 그래도 된데유?"

내심 반가웠다. 한편 두렵기도 했지만 아이들에게 대학원에서 배운 것을 실험하고도 싶었고, 무엇보다 아이들 앞에서 제대로 교사로 서고 싶었다. 많은 것을 가르쳐 주고 싶은 욕심이 불끈 솟아올랐다.

"그럼…… 선생님은유?"

"지는 강산이 잡으러 가야 대유. 부탁해유. 선생님은 잘 허실규."

작년에 학생부 주임을 맡으셨다는 담임 선생님은 아무렇지도 않은 듯이 학교를 나가 그날부터 틈틈이 강산이를 잡으러 다니셨다. 그러나 열흘이 다 가도록 강산이는 학교로 돌아오지 않았다.

시내 피시방에서 강산이를 봤다는 제보가 들어와 바로 출동했지만 실패했고, 홍성터미널에서 봤다는 제보가 들어와 홍성에 사는 강산이 할머니 댁에까지 가 보았으나 사실이 아니었다. 내 추측이 맞다면 담임 선생님은 아마도 퇴근 시간 이후에도 강산이 집에 가서 잠복을 하셨을 것이 분명했다.

"강 선생님. 요즘 핵교가 이래유. 수업두 중요하지만 애들 뒤치닥거리 허는 게 일의 절반을 넘어유. 공문 처리할 것두 엄청나게 많은디, 어이구, 이눔의 자식 잡히기만 혀 봐. 이번에는 절대 그냥 안 놔둘껴."

"선생님, 강산이는 아무 일 없겠쥬. 지도 나가서 같이 잡아 볼까유?"

"아뉴. 강산이는 지가 잡을 테니께, 선생님은 교생만 열심히 하

믿음을 먹고 자라는 아이들

시면 되유.”

뜻밖에도 강산이는 가출한 지 열흘이 되던 날 오후, 옆 학교에서 잡혀 왔다. 그런데 놀라운 것은 강산이가 옆 학교 아이들하고 밥도 같이 먹고 수업까지 들었다는 것이다. 수업 시간에 들어가 수업을 들었다는 것은 누가 지어낸 것이겠지만, 학교 식당에서 며칠 점심을 먹었다는 것은 몇몇 증언을 통해서 확인할 수 있는 것이었다.

“강산이라믄 그러구두 남을 눔유. 분명히 수업 시간에도 태연히 들어가서 수업두 들었을규.”

“설마 그럴 리가유. 어떻게 그럴 수가 있슈?”

“강산이 그눔, 되도 크게 될 눔유. 허허.”

담임 선생님은 화도 내지 않고 태연하게 강산이와 함께 교실로 들어왔다. 아이들은 잠시 시끄러웠지만 이내 교실은 조용해졌다.

강산이가 학교에 나오지 않는 동안 나는 교생으로서의 임무를 아주 충실하게 수행했다고 자부하지만 마음 한 켠에 무거운 돌 하나를 지고 있는 듯한 느낌이었다. 할 수 있는 게 아무것도 없었기 때문이었다. 내가 교생일 때 그 녀석이 가출했다는 게 마음에 걸리기도 했다. 담임 선생님이 계셔서 적극적으로 그 녀석을 찾으러 다닌 적도 없었고, 그럴 수도 없었다. 더구나 난 그 녀석에 대해 아는 게 별로 없었고, 그저 안쓰럽다는 생각이나 하면서 발만 동동 구르고 있을 뿐이었다. 강산이가 없는 교실도 예전하고 달라진 게 없었

뜻밖에도 강산이는 가출한 지 열흘이 되던 날 오후,

옆 학교에서 잡혀 왔다. 그런데 놀라운 것은 강산이가

옆 학교 아이들하고 밥도 같이 먹고 수업까지 들었다는 것이다.

수업 시간에 들어가 수업을 들었다는 것은 누가 지어낸 것이겠지만,

학교 식당에서 며칠 점심을 먹었다는 것은

몇몇 증언을 통해서 확인할 수 있는 것이었다.

고, 강산이의 안부를 묻는 친구들도 별로 없었다.

"누구 강산이 소식 들은 사람 없냐?"

답답하면 조회 시간에 물어봤지만 돌아오는 것은 침묵뿐이었다.

"그려…… 아무 일 읎겄지. 강산이는 금방 돌아올껴. 우리 그렇게 믿어 보자잉."

강산이가 동네 조폭들에게 잡혔거나 혹은 또 사고를 친다면, 또 다치기라도 한다면, 아니 경찰서에 잡혀가기라도 한다면…… 별의별 생각이 다 들었다. 그러면서도 난 할 일을 다하고 있었고, 아이들도 강산이가 애초에 없었던 아이인 것처럼 그렇게 열흘을 보낸 것이다. 그러다 교생 실습이 거의 끝나갈 무렵에서야 선생님 손에 이끌려 학교로 돌아온 것이다.

다른 아이들보다 먼저 커 버린 강산이

강산이는 다른 아이들과는 달랐다. 다른 아이들보다 먼저 커 버린 것일까? 세상을 먼저 알아 버린 것일까? 수업 시간에 떠들지도 않았고, 딴짓을 하지도 않았으며, 다른 아이들을 괴롭히지도 않았다. 그런데도 아이들은 강산이를 무서워했다. 소위 문제아들과는

달랐다. 가끔 내 수업 시간에 잠을 자기도 했지만 자주 있는 일이
아니었다. 말도 잘 들었고, 항상 조용했던 아이. 강산이. 그런 강산
이는 왜 가출을 했던 것일까? 그리고 왜 초등학생의 돈을 갈취(?)
했던 것일까? 그 의문은 가시질 않았다.

"강산아. 잘 지냈냐잉?"

"선생님, 죄송혀유?"

"아녀. 뭐가 죄송혀. 아무 일 없이 돌아왔으면 됐어. 참 다행여."

"선생님, 지는 정말 돈 안 뺐슈. 그냥 꾼규. 증말유."

강산이는 내게 죄송하다는 말을 했고, 난 그의 진심을 캐묻고자
했다. 그러나 순간 그게 무슨 의미가 있을까 하는 생각이 들었다.
강산이가 진짜 돈을 갈취한 것인지 그냥 꾼 것인지를 안다고 바뀔
것은 아무것도 없었다.

하지만 이런 상상은 해 본다. 강산이는 분명 돈을 갈취하지는 않
았을 것이다. 그 초등학생은 그냥 아는 동네 후배였을 것이다. 그
리고 진짜로 돈을 꾸려고 했거나 달라고 했을 것이다. 강산이는 배
가 고팠을 것이고, 아니 배가 고프지는 않아도 돈이 필요했을 것
이고, 그런데 돈이 없었을 것이다. 엄마는 일 나가서 집엔 아무도
없었고, 학원을 다니기 싫어서가 아니라 학원에 가고 싶어도 학원
비가 없었을 것이다. 그래서 강산이는 늘 그랬듯이 집에 가방을 두
고 그냥 밖으로 나왔을 것이다. 그리고 피씨방에 가려고 했으나 돈

믿음을 먹고 자라는 아이들

이 없다는 것을 깨달았을 것이다. 그러다가 초등학교 근처에서 아는 동네 후배를 만났을 것이다. 그리고 강산이의 명성은 최소한 동네에서는 자자했을 것이다. 예전에 돈을 갈취했던 경험도 있었을 것이고, 인상도 그리 선하지는 않았을 것이다. 그래서 그 초등학생의 귀에는 돈을 꿔 달라는 강산이의 말이 '이 돈 안 내놓으면 너 이새끼 죽여 버릴 거야.'로 들렸을 것이다. 그래서 그 후배는 주머니에 있던 돈 이천 원을 순순히 강산이에게 주었을 것이다. 강산이는 고맙다는 말도 하지 않고 눈인사로 대충 고맙다는 표현을 한 채 피시방에 갔거나 빵집에 갔을 것이다. 그것이 그날 벌어진 일의 전부일 것이다. 그리고 공포를 경험한 그 후배는 엄마에게 일렀을 것이다. 몇 해 전 철없던 시절에 동네 후배들의 돈을 갈취한 전과가 있고, 가출을 했던 적이 있고, 엄마와 단 둘이 사는 집안 환경, 거기에다가 날카로워 보이는 인상과 묵묵함이 강산이를 갈취범으로 몰았을 것이다. 강산이가 초등학생의 돈을 갈취했다는 증거는 초등학생의 증언 이외에 아무것도 없었지만, 이러한 합리적 의심(?)이 강산이를 갈취범으로 결론 내리고 있었다.

대부분의 아이들은 수업이 끝나자마자 집에 가기 바쁘다. 한번은 청소를 대충 끝낸 아이 한 명이 내게 와서 집에 빨리 가야 하니 집에 보내 달라고 한 적이 있다. 그래서 청소 구역을 점검하겠다고 했더니 아직 다 못 했다고 한다. 아마도 그날은 내가 종례를 길게

넌 아름다운 나비야

했던 것 같다. 종례 시간에 아이들의 마음은 이미 집이 아니라 교문 밖에 가 있다. 엄마가 기다리거나 학원 차가 기다리기 때문이다. 그 차를 놓치면 버스를 타고 가거나 걸어가야 하기 때문이다. 그래서 내가 그 아이에게 청소를 다 하고 다시 검사 받으러 오라고 했더니 금방이라도 울 것만 같은 표정이다. 학원에 가야 하기 때문에 오늘은 그냥 가면 안 되겠냐는 것이었다. 어이가 없었다.

그러나 강산이는 학교 밖에 와서 기다리는 엄마도, 학원 차도 없었다. 강산이에게 허락된 곳은 학교와 길거리가 전부였다. 강산이가 갈취범이 된 것은 강산이 책임이 아니다. 그냥 몇 가지 사실을 종합하고 연결하고 추론하여 강산이가 갈취범이라는 결론을 내려버린 것이다. 왜냐하면 피해자라고 주장하는 사람이 존재했고, 제보자는 교사이며, 갈취를 당했다고 주장하는 아이는 초등학생이었다. 강산이는 실제 돈을 갈취하지 않았지만 자기를 변명할 아무런 수단을 갖고 있지 못했다. 강산이를 적극적으로 변호해 줄 엄마는 일을 해야 했기에 학교에 오고 갈 처지가 아니었고, 할머니는 홍성에 계셨다. 빠져나갈 구멍이 없는 강산이가 선택할 수 있는 것은 그 상황으로부터 그냥 벗어나는 것이다. 자신에게 내려진 벌을 일주일 동안 감당했다면 아마도 강산이는 초등학생의 돈을 갈취한 나쁜 중학생으로 완전히 낙인찍혔을 것이 분명하다. 어린 강산이었지만 그것을 잘 알았기에, 자기를 변호해 줄 사람이 아무도 없을 거라는 걸 육감적으로 알았기에 그 녀석은 가방도 둔 채, 한 마

믿음을 먹고 자라는 아이들

디 상의도 없이 학교를 빠져나갔던 것이다.

물론 아닐 수도 있다. 이건 나의 지나친 상상력에 기인한 소설일지도 모르겠다. 강산이에게 돈을 뺏겼다고 주장한 그 초등학생 후배 녀석이 이 글을 본다면 나를 원망할 수도 있다. 그 어머니는 더 말할 것도 없다.

나는 애써 강산이를 변호할 생각은 없다. 다만 강산이를 그렇게 내버려 둔 것은 강산이가 원한 것이 아니었고, 강산이가 선택한 것이 아니었다. 만약 강산이가 초등학생의 돈을 갈취했다면, 이천 원을 갈취해서 빵을 사 먹거나 피시방에 가서 게임을 했다면, 그것도 범죄라고 할 수 있다.

그러나 설사 그렇다고 하더라도 나는 학교가 강산이를 변호해야 한다고 생각한다. 어떤 일이 있어도 끝까지 믿어야 한다고 생각한다. 그것이 학교가 할 일이고 사회가 강산이에게 해 줄 수 있는 일의 전부이기 때문이다. 학교가, 이 사회가 강산이에게 학원에 다닐 수 있는 돈을 줄 수도, 하교 후에 집에서 저녁을 준비하면서 아들을 기다리는 엄마가 되어 줄 수도, 피시방에 가서 게임을 할 수 있는 이천 원의 돈도 줄 수 없다면, 무조건, 무조건, 무조건, 강산이를 믿어 주어야 한다.

엄마 같은 학교 품에서
크는 아이들

나의 늦깎이 교생 실습은 아무 탈 없이 끝났다. 강산이는 그 이후로 최소한 내가 있는 동안 아무런 문제도 일으키지 않았다. 공부를 잘하는 성실한 학생, 말 잘 듣는 학생은 아니었지만, 누구를 왕따시키지도, 괴롭히지도 않았다. 여전히 묵묵히 미소로 이야기하고 미소로 답을 건네는 수줍은 열다섯 살 소년이었다. 하지만 강산이에게 잘못이 있다면, 다른 친구들보다 조금 더 빨리 냉혹한 세상의 이치를 깨달았다는 것뿐이다.

우리 사회가 제대로 된 사회라면, 우리 학교가 좋은 학교라면, 오늘도 죽이고 싶은 중2들과 학교에서 애쓰고 있는 선생님들이 직업인, 직장인을 넘어서서 진실한 스승의 사명감 때문에 고민하고 갈등하면서 하루하루를 산다면, 우리 부모가 학부모가 아닌 부모가 되기 위해 노력한다면, 아마도 강산이는 우리 사회의 바람직한 리더가 될 것이다. 세상을 미리 알아 버린 만큼 세상에 큰 도움을 주는 청년으로 성장할 것이다. 강산이를 범죄자로 키울지, 사회의 훌륭한 리더로 키울지를 결정하는 것은 강산이의 몫이 아니다. 그건 강산이를 뺀 그 나머지들의 몫이다.

교생 마지막 날, 내가 아이들에게 준 것이라고는 피자 한 판과 나의 전화번호뿐이었다. 가끔 휴대 전화에 저장해 둔 아이들의 전화번호 때문에 아주 가끔 아이들의 문자가 카톡에 올라오곤 한다. 얼마 전 강산이에게서 카톡이 날아왔다.

"샘, 잘 지내시죠?"

이제 강산이는 중3이 된다. 그리고 다른 아이들보다 더 빨리 사회인이 될지도 모르겠다. 그 녀석이 일반계 고등학교에 갈지, 실업계 고등학교에 갈지는 중요하지 않다. 강산이가 어찌 될지는 아무도 모르지만, 교생을 마치면서 그래도 한 가지 희망을 안고 돌아올 수 있었다.

강산이는 담임 선생님께 잡혀 온 이후로 반성문을 쓰지도, 정학을 당하지도, 경찰에 불려가지도 않았다. 나의 첫사랑이었던 영어 선생님도 강산이를 나무라지 않았다. 교장 선생님도 강산이에게 아무런 처벌을 내리지 않았다.

강산이를 따뜻하게 품어 준 학교와 선생님들께 감사드린다. 아흔아홉 마리의 양보다 길 잃은 한 마리의 양을 소중히 생각하는 나의 모교가 있어 행복하다. 나의 첫 제자이자 마지막 제자인 강산이도 아마 담임 선생님과 학교에 감사할 것이다. 나아가 이 사회에 감사할 것이다.

두려움과 설렘 속에서 지나간 교생 실습,

짧은 경험이었지만 나는 희망을 보았다.

그래서 행복했고,

앞으로도 우리 학교가 정말 행복했으면 좋겠다.

특히 강산이와 같은 제자들이 하루하루 행복한 학교,

웃음이 떠나지 않는 학교가 되었으면 좋겠다.

그래서

아직도 내 꿈은

강산이 같은 제자들이 행복한

시골 학교의 국어 선생님이

되는 것이다.

믿음을 먹고 자라는 아이들

장밋빛 스카프

김상배

70년대 대학 문학상을 받았지만 젊은 날 그의 몸은 폭풍 음주 체질이었다. 당진 신평고와 공주 영명고를 거쳐 지금은 논산 쌘뿔여고에서 터줏대감으로 자리잡고 있다. 〈화요문학〉 동인으로 활동 중이고, 〈삶의 문학〉에 참여하기도 했으며, 시 집으로 《코고는 아내》, 《잘 있는가, 내 청춘》, 《낮술》 등이 있다. 이제는 돌아와 거 울 앞에 선 착한 가장으로 자리 잡았으며 제자들과 소통하는 신문을 부지런히 집 필 중이다.

기환이야, 그 아이 이름이.

기환이는 다른 아이들보다 2년 늦게 고등학교에 입학을 했다.
계산 한번 해 보면, 그 아이가 1986년에 19살이었고, 그때로부터
무려 28년이 지난 얘기이니, 19에다가 28을 더하고 나서 다시 1을
빼면, 올해로 그 아이 나이가 마흔 여섯이다. 맞다, 나보다 딱 열
살 아래였다. 학생들 땐 나이 차이가 한둘 정도여도 엄청난 것인
데, 기환이는 고등학교에 입학할 때 다른 아이들보다 나이가 두 살
이나 더 많았다. 그리고 그냥 나이만 많은 게 아니었다. 시골에서
는 초·중·고를 대개 한 곳으로 다니는데, 기환이는 초등학교, 중
학교에 다닐 때 이미 한주먹 했던 걸로 여러 사람 입에 그 이름이
오르내리고 있었다. 중학교를 졸업하고 고등학교에 입학하기 전

에 이러저러하고 여차여차한 이유로 2년이 지난 후에야 입학을 하였으니, 고 1 · 2학년들에게는 무서운 형이 입학한 것이었고, 고3들이라고 해도 예전에 자기들이 옴짝달싹 못하던 동기가 입학한 셈이었다.

입학식이 끝나고 교장 선생님이 나를 살짝 부르시고는
"그 놈 내가 일부러 김 선생 반에 배치했어요. 보통 꼴통이 아닙니다. 다른 애들 피해 보기 전에 적당한 핑계거리 생기면 꼬투리 잡아서 잘라 버리세요."
하시는 게 아닌가. 그 학교는 중 · 고등학교가 병설이었는데, 교장 선생님이 통합 교장으로 계셔서 기환이의 중학교 시절 행적을 아주 통째 꿰고 계셨다. 그래서 나도
"예, 그럽죠." 하고 별 생각 없이 그럴 작정을 하고 있었다.
입학식을 하고 나서 한 2, 3일이나 지났을까. 하루는 기환이가 딱 걸렸다. 콜라병을 깨 들고 복도에서 다 죽여 버리고 자기도 학교 그만 둔다고 고래고래 소리를 질러대고 있는 것이었다. 좀 이른 듯 하기는 했지만 이제 저 애를 정리해야 할 때가 되었구나, 생각했다. 우선 좋은 말로 나 좀 보자고 해서 학교 뒤편으로 데려 왔다. 그때 기환이가 순순히 따라왔었느냐.

건달 두목과
호형호제하는 선생님

  그 학교 교사로 근무하기 시작한 첫해의 시월에 나는 갓 결혼한 신혼부부의 새신랑 자리도 겸직하고 있었다. 지금도 시골에서는 버스 정류장을 '차부'라고 부르는데, 한 시간에 한 번 오는 버스를 기다리며 퇴근길에 차부 근처에서 술 한잔하고 있었다. 옆자리에는 나이가 서른은 넘어선 것쯤으로 보이는 남자가 언제부터 마시고 있었는지 벌써 술에 절어서 꼬인 헛바닥으로 뭐라고 중얼거리는데, 그 소리가 여간 내 신경에 거슬리는 게 아니었다. 요즘 젊은 선생들은 싸가지가 없다는 둥, 겁대가리를 어디 따로 놓고 다니는 것 같다는 둥, 뭐 대충 그런 내용으로 빈정거리는 것이 꼭 나 들으라고 하는 소리 같았다. 그 자리에 젊은 사람이 나 말고는 없었기 때문이다. 그런데 또 딱히 나보고 하는 말이라는 확증이 있는 것도 아니고, 상황이 애매했다. 비위가 상하긴 했지만 나는 꾹 참고 어쩔 수 없이 막걸리로 끓어오르는 속을 달래고 있었다.

  지금 생각해 보면, 대학 나온 젊은 놈이 양복 말끔하게 차려입고 바깥으로 나서면 시골 양반들이 머리를 숙이고 '선생님, 선생님.' 하는 꼴에 그 동네 젊은이들로서는 배알이 꼴릴 만도 했겠다 싶다. 그때까지만 해도 시골에서는 대학 나온 사람이 드물었다.

  그런데 속을 달래려고 마신 막걸리가 한 잔, 또 한 잔 빈속으로 밀려들어 가면서 속이 달래지기는커녕 되레 부아가 조금씩 치밀려 올라오기 시작하는 것이었다. 그래도 명색이 선생인데 여기서 그러면 안 된다고 생각하고 아주머니더러 막걸리 한 주전자 더 달라고 했다. 그런데 웬 걸, 그 주전자를 채 비우기도 전에 내가 먼저 한 마디 툭 던지고 말았다. 지금 그 거 혹시 나 들으라고 하는 말이냐고. 그랬더니 그 남자가 이번에는 좀 전보다 더 큰 소리로, 요즘 젊은 것들은 정말 싸가지도 없고, 겁대가리도 없고, 하며 똑같은 술타령을 하는 것이다. 벌떡 일어나서 그 놈을 주막집 구석에다 등짝이 보이도록 밀어 넣고는 목덜미를 잡아당겨서 윗도리를 쫘악 찢어 버렸다.

차부 부근이 난리가 났었다. 그런데 일이 벌어지고 나니까 나를 보고 선생님, 하던 시골 사람들이 주위에서 한 마디씩 거드는 말들이, 젊은 선생보다는 그놈 편을 드는 것이었다. 그 소식을 듣고 부리나케 달려 나온, 평소에 형님으로 부르던 선배 교사는 나를 자기 오토바이 뒷자리에 태워서 신혼집으로 실어 나르며, 걱정이 잔뜩 묻은 소리로

"이제 김 선생 큰일 났다, 그 놈이 보통 놈이 아닌데 잘못 건드렸어."

하는 것이다. 소위 이 바닥 건달 두목이라고 한다. 나는 그때까지만 해도 술이 거나해서 호기가 등등했다.

"걱정하실 거 없어요, 형님. 씨팔, 내가 잘못한 게 뭐가 있어. 그

리고 문제 생기면 저야 이 바닥 뜨면 그만이지요, 뭐."

그런 말도 했던 거 같다. 그런 일이 있고 난 바로 다음 날이었을 것이다.

교문 앞에 웬 낯선 젊은이들이 기다리고 서 있다가는 퇴근길에 내 뒤를 졸졸 따라오는 것이다. 비야냥거리는 투로, 요즘 젊은 선생들은 배에 철판을 깔고 다니는가 보라면서, 지금이야 웃으면서 이런 이야기를 하지만 그 당시는 머리카락이 쭈뼛 서고 전신에 닭살이 쫙 퍼지는 그런 느낌이었다. 또, 그 학교는 선생을 채용한 거여, 아니면 깡패를 불러온 거여, 하며 시간마다 교무실로 전화질을 해대는 것이다. 다 그 건달의 똘마니들이 하는 짓이었다.

한 번만 봐주십시오

그때 아내는 임신 중이었다. 그런데 밤중에 혹시 그놈들이 쳐들 어올지도 모른다는 생각이 들면서부터, 밤이면 밤마다 신혼집 방 문 앞에 책걸상으로 바리케이트를 치고, 여차하면 어떻게 해보려고 머리맡에 망치까지 두고 잠을 청했으니, 잠은 어떻게 들었으며 태교는 제대로 되었을 리 없다.

여하튼 도저히 불안해서 안 되겠었어서 그날 나를 오토바이에 태워 사선(死線)에서 구원해 주신 그 선배 선생님께 이제 내가 어떻게 하면 좋겠느냐고 물어봤다. 그러니까 학교 앞 서점 주인이 그 건달 두목하고 불알친구라는 것이다. 서점 주인한테 부탁해서 그분 오토바이 뒤에 맥주 한 박스를 싣고 무조건 건달 두목 집으로 찾아갔다. 그러고는 무릎 탁 꿇고 고개 푹 숙이고서 "형님, 제가 형님이 어떤 분인지 모르고 그렇게 굴었습니다, 한 번만 봐주십시오." 했다. 그리고는 처분만 기다리고 있는데, 뭐, 그분이 처분을 내려주실 때까지 시간이 그리 오래 걸린 것 같지는 않다. 건달 두목이 나더러 갑자기 "술병 따." 하는 것이다. 내가 다른 건 못해도 그때 술 하나는 기가 막히게 잘 마셨다. 호형호제 해 가면서 그날 분위기 퍽 좋았다. 건달 두목이 자기도 이제 선생 아우 생겼다고 좋아하던 모습이 지금도 눈에 선하다.

그 후 교문 앞에서 어슬렁거리던 그 똘마니들이 당장 싹 사라졌다. 뭐, 다음부턴 차부에서 건달 두목이랑 형 마셔라, 아우 부어라 하며 술을 마시다가 막차를 놓치는 날이면, 똘마니들이 주막 앞에 택시를 턱 하고 대령시켜 놓았을 정도였다. 그 학교가 바닷가에 있는 학교라 학생들 중에는 드센 놈들이 더러 있었는데, 내가 그 건달 두목하고 형, 아우 사이로 지낸다는 소문이 교내에 싹 퍼지고 나니까, 그 다음부터는 목소리를 낮춰서 조근조근 이야기를 해도 내 뜻을 거스르는 놈들이 한 놈도 없는 것이었다.

넌 아름다운 나비야

기환이가
누구니?

고분고분하게 따라온 기환이를 학교 뒤 등나무 벤치에 앉혀 놓고 마지막으로 한 번 물어 봤다, 도대체 너 오늘 복도에서 왜 그랬냐고. 그랬더니 내 짐작하고는 영 이야기가 다르다. 오늘 아침에 학교에 올 때까지만 해도 아버지가 그러셨는데, 학교 열심히 다니라고. 또 저도 그렇게 생각했다고 한다. 고등학교는 졸업해야 된다고. 그런데 그날 1교시 선생은 교실에 들어오자마자 기환이가 어떤 놈이냐고 묻고, 2교시에는 담배는 어디다 숨겼냐고 하고, 3교시에는 가방을 뒤지고, 4교시에는 괜히 뒤통수를 건드리고, 점심을 먹고, 드디어 5교시에 착하기로 소문난 국어 과목 박 선생이 부드럽고 호기심 가득한 목소리로, 기환이가 누구니, 하고 물었단다. 그리고 그 난리가 나 버린 것이다.

박 선생님께 자초지종을 설명하고 나서 기환이에게는 사과를 드리게 했다. 그리고 교장 선생님께는 이 아이에게 한 번만 더 기회를 주겠다고 말씀을 드렸더니, 될성부른 나무는 떡잎부터 알아본다며 그 놈은 본래 싹수가 노란 놈인데, 당신께서 예전부터 잘 알고 있으니 너무 헛심 쓰지 말고 일찍 잘라 버리는 게 나을 거라고 충고를 하셨다. 그래서 내가 다음 번에는 반드시 잘라 버리겠다고 교장 선생님하고 철석같이 약속했다. 그날, 교장실 밖에서 기다

장밋빛 스카프

리고 있던 기환이에게 머리나 좀 단정하게 정리해서 오라고 했더니, 퇴근 시간쯤에 그 놈이 더벅머리를 아주 짧게 싹 치고 다시 나타난 것이다. 3월 봄날 바람 찬 저녁 무렵에 면도 자국이 선명한 목덜미를 바라보고 있으니 가슴이 짠해 왔다. 그런 일이 있고 난 뒤에 한, 한 달쯤 지났을 때였다.

"이 놈 당장
안 들어 와."

기환이가 등굣길 교문 지도를 하는 수학 선생님과 싸우고 있다는 전갈을 받자마자 후다닥 교문께로 나갔을 때는 이미,

"씨팔 나 학교 안 다녀." 하고 욕을 내뱉으며 그 놈이 교문 밖으로 나가고 있었다.

그래서 내가, "이 놈 당장 안 들어 와." 하고 소리를 빽 질렀는데, 아, 이놈이 들은 체도 안 하고는 휭 돌아서 가 버리는 것이다. 당장 뛰어가서 그 놈 뒷목을 낚아채려는 순간, 기환이는 내 손을 턱 뿌리치고 부리나케 달아나기 시작했다. 그 놈은 힘만 센 게 아니라 달리기도 엄청 빨랐다.

한 오 리 정도 내달렸을까. 이제 겨우 그 놈을 잡아채려는데, 그

때까지 손에 들고 튀던 그 가방을 논두렁에 훌쩍 버려 버리는 것이다. 책가방을 들고 달릴 때까지만 해도 어떻게 한번 따라가 볼 도리가 있었지만, 가방을 버리고 달아나는 통에 도저히 따라잡을 방도가 없어 하는 수 없이 내가 먼저 딱 멈춰 섰다. 그리고 단호하게 숨을 몰아쉬면서,

"한. 기. 환."

그랬더니 저도 그 자리에 턱 섰다.

한참 동안 나도 저도 숨을 고르고 있었는데, 그 놈은 땅바닥을 내려다보고 있었지만, 내가 저를 노려보고 있다는 것은 알고 있는 눈치였다. 그때 내가 기환이한테 한 말을 지금 생각해 보면 우습고 부끄럽다.

"야, 한기환! 학생이 가방을 버리는 행동은 군인이 총을 버리는 행위하고 똑같아. 이놈, 당장 달려가서 저 가방 가져왓." 했었다. 아마, 그때까지만 해도 군에서 제대한 지 몇 년 지나지 않은 상태여서 그런 비유를 했었던 게 아니었을까. 그런데 내 그 말 같지도 않은 말이 떨어지자, 정말 기환이가 책가방을 건지러 논바닥으로 들어가더니 질퍽질퍽한 무는 바닥을 밟고 가방을 건져왔는데, 책은 이미 다 젖어 있었다.

책을 꺼내 양지 바른 잔디 위에 올려놓고 대충 좀 마를 때까지 기다리는데, 그때가 초봄이라 흙바닥에 이제 막 물이 오르기 시작한 것이다. 그래서 우리는 엉덩이를 들고 풀밭 위에 엉거주춤 쭈그

리고 앉아 있었다. 그때 기환이 그 놈 사타구니가 터진 게 보였다.
그래서 내가

"이놈아 제일 중요한 거시기 흘리고 다니겠다."

했더니 기환이가 씨-익 웃었다. 그때 그 모습을 통해서 아, 착
한 면이 있는 아이구나, 하는 느낌이 밀려왔다.

땀과 눈물과 콧물과 운동장 흙먼지가 범벅이 된 기환이

학교로 돌아오면서 기환이에게 운동장 한 바퀴를 오리걸음으로
돌자고 했지. 그래야 다른 선생님들도 심리적으로 최소한 너에게
용서 비슷한 것을 해 주시지 않겠느냐고. 그랬더니 기환이도 좋다
고 했다. 그 학교 운동장 한 바퀴가 300미터 정도 됐다. 기환이가
오리걸음을 하고 있는 동안 반장더러 교실에 있는 봉걸레 자루를
가져오라고 했다. 반장이 돌아왔을 때까지도 기환이는 운동장 반
바퀴 정도를 남겨 놓고 있었다.

나는 뒷짐을 진 채, 재촉하지도 않고, 천천히, 기환이 뒤를 따라
갔다. 이제 얼마 남지 않았다는 희망을 가지고 기환이는 땀을 뻘뻘

흘리면서 그야말로 자발적으로 거북이처럼 결승점을 향해 열심히 걸어갔었을 것이다. 그리고 결승점을 통과하고 나서는 다리가 풀려서 제 풀에 풀썩 주저앉았다. 바로 이 때다, 하고는 봉걸레 자루로 그 놈의 등짝이며 허벅지를 마구 내려쳤지.

어디 다치면 어떡하나, 그런 걱정은 안 했다. 그때 기환이 몸은 고무 타이어처럼 탱탱해서 오히려 내려치던 봉걸레 자루가 통통 튕겨나갈 정도였으니까 말이다. 기환이에게 다시 한 번, 조금 전보다 더 단호하게,

"앞으로 아홉 바퀴 더."

그랬더니 기환이가 사투리로,

"됐시유."

하며 달아나려 했다. 그런데 십 리는 고사하고 뒤뚱뒤뚱 열 걸음도 못가서 내게 멱살이 탁 잡혔다. 다시 걸레 자루를 휘두르며, 돌아, 이놈이 안 돌아, 학교를 다니든 안 다니든 그건 니 맘대로지만, 그만 두더라도 오늘 오리걸음으로 운동장 열 바퀴 채운 담에 그만 둬. 기환이는 그날 땀과 눈물과 콧물과 운동장 흙먼지가 범벅이 된 채 창문 틈으로 바라보고 있던 전교생들 앞에서 기어이 열 바퀴를 채웠다.

"기환아, 다시 열 바퀴 더 돌라면 돌겠냐?"

"못 해유, 선생님. 이젠 죽어도 못 허것시유."

"야, 이놈아 방금 돌았잖냐."

"그게 제가 돈 거유, 선생님이 질질 끌고 다니신 거지."

"그래 내가 너를 3년 동안 질질 끌고 다닐 테니 졸업 한번 해 볼래?"

그랬더니 그때 기환이가 내 다리를 잡고 펑펑 울었다.

그 길로 교장실로 가서 교장 선생님 앞에서 쇼를 한 번 했다. 오늘 저 놈 당장 잘라 버리겠다고. 그랬더니 교장 선생님이 펄쩍 뛰시면서, 애를 저 모냥으루 해놓고 자르면 부모가 가만 있겠시유, 잘라도 담에 잘라유, 하시는 것이다. 교장 선생님도 교장실에서 그 광경을 보고 계셨던 것이다. 몇 번 사소한 일이 더 있었지만, 그 학년이 다 지나가도록 기환이는 비교적 큰 탈 없이 1학년을 잘 보냈다.

내 십팔번은 장밋빛 스카프

이듬해 2월에 나는 공주에 있는 어느 학교로 전근을 가게 되었다.

아내 고향은 대전이다. 얼마 전까지만 해도 대전에서 당진까지 승용차로 길게 잡아도 두 시간 정도면 오갈 수 있는 거리였다. 지금은 고속도로가 개통이 돼서 이제 한 시간 이쪽저쪽이면 도착할 수 있을 정도로 변했지만 이십여 년 전에는, 그러니까 1980년대 중

십 리는 고사하고 뒤뚱뒤뚱 열 걸음도 못가서 내게 멱살이 탁 잡혔다.

다시 걸레 자루를 휘두르며, 돌아, 이놈이 안 돌아, 학교를 다니든 안

다니든 그건 니 맘대로지만, 그만 두더라도 오늘 오리걸음으로 운동장

열 바퀴 채운 담에 그만 둬. 기환이는 그날 땀과 눈물과 콧물과 운동장

흙먼지가 범벅이 된 채 창문 틈으로 바라보고 있던 전교생들 앞에서

기어이 열 바퀴를 채웠다.

반에는, 교장 선생님쯤 되는 형편 아니면 승용차라는 건 꿈도 꾸기 어려웠던 시절이었다. 바로 그 시절에 아내는 만삭의 몸으로 시내 버스에 올라타고, 대전에서 천안으로 가는 직행버스에서 조심조심 내려서는, 천안 역 앞에 있던 시외버스 정류장 매점에서 새우과자 한 봉지 사서 허기 좀 달래고, 다시 당진·합덕 행 버스를 한참 기다렸다가, 그걸 타고 다시 꼬부랑길을 달리고 달리면 이제 버스가 시골 차부에 도착하는 것이다. 그게 끝이 아니다. 이번에는 차부 앞 구멍가게 평상에 죽치고 앉아서 화투 패를 돌리는 치들 중에서 산적처럼 생긴 화상이 무릎을 툭툭 털고 일어나서 꼭 제 생긴대로 택시를 몰면, 젊은 아낙은 뒷자리에 고분고분 앉아서 마치 비에 젖은 한 마리 새처럼 파르르 떨고 있을 수밖에 없었을 것이다. 그렇게 무려 다섯 시간쯤 공을 들여야 비로소 단칸 셋방 신혼집에 도착할 수 있었다. 그런 걸 생각하면 아내는 그 학교, 그 바닷가가 징그러웠을 것이다. 그래서 공주에 있는 모 고등학교 선배한테 청을 넣어, 이제 전근을 가게 되었다.

2월 마지막 출근 날, 퇴근 시간 무렵에 반장과 기환이가 나더러 학생식당으로 가시자고 했다. 그래서 별 생각 없이 따라갔는데 식당에는 우리 반 아이들만 싹 모여 있었다. 기환이가 그 시간에 다른 애들은 못 들어오게 했던 모양이다. 국수 한 그릇과 콜라병 하나씩이 아이들 앞에 나란히 놓여 있는 모습이 인상적이었다. 군에서 제대할 때 회식하던 모습이 연상되었다. 거기서 기환이가 떠나가는 선생님을 위해 노래 한 곡을 준비했다며, 눈물로 불러 준 노래가 바로 〈장밋빛 스카프〉이다.

내가 왜 이럴까 오지 않을 사람을
어디선가 웃으면서 와 줄 것만 같은데
차라리 그 사람을 만나지 않았던들
이 고통 이 괴로움 나에게는 없을걸
장밋빛 장밋빛 스카프만 보면은
내 맘은 빛나네 걸음이 멈춰지네
허전한 이 마음을 어떻게 달래 볼까
내게서 떠나 버린 장밋빛 스카프

내가 평소에 안 울기로는 소문이 난 사람인데, 그날은 차부에서 집으로 돌아가는 길에 버스 안에서 좀 울었다. 저녁 무렵이어서 더 그랬다. 그때 예당 평야 드넓은 들판 서쪽으로 붉은 해가 막 넘어가고 있었기 때문에, 그래서 그랬을 거다.

그 후에 기환이가 무사히 졸업을 하고 나를 찾아와서는 고맙다고, 선생님 덕분에 졸업했다고, 울먹하면서 그런 말을 할 때 내가 살짝 좀 미안하고 부끄러웠다. 선생은 3년 동안 너를 끌어 주겠다

는 약속을, 그것도 1년만에 헌신 버리듯 하고 떠나왔는데, 제자는
그 어려운 약속을 온전히 지키고도 선생 덕분이라고 했으니, 내가
그날 좀 부끄러웠다.

그날은 졸업생, 한기환과 술을 마셨다. 아내에게 들은 말인데,
제자한테 업혀서 들어오는 꼴이 영락없이 짐짝 같았다고 한다. 그
때 내 허리통이 40인치가 넘었을 때였고, 우리 집은 엘리베이터도
없는 아파트 4층에 있었는데, 기환이가 아니면 그때 나를 거기까
지 업고 올라갈 수 있는 사람은 아무도 없었다.

스승이 아닌데
정말 아닌데
나를 스승이라 부르는 사람이 있다.
제주에서 간판을 달다
떨어져 바람꽃이 되어버린
강유석이가 그랬고
폭력혐의로 국가기관 신세를 지느라
고등학교에 몇 년 늦게 입학했던
천막공장 사장 한기환은 지금도
내 전화를 받으면 운다
스승이라고 생각하지 않는데
정말 그렇게 생각하지 않는데

넌 아름다운 나비야

나를 스승이라 불러주는 사람이 있어서

나는 그냥 어쩌다가

저절로 스승이 되었다

— 졸시, 〈아닌데〉 전문

나의 사랑
나의 첫 제자
다영이

박미옥

미술반이던 여고 시절에도 시화전마다 액자를 걸면서 가슴 설레던 문학소녀다.
사범대학교 미대생 시절에도 대학 문학상 수필 부문을 수상한 바 있으나 그 후 오
랜 동안 창작을 접은 상태다. '한국미술협회'와 '연흥회' 회원으로 여러 차례 전
시했으며 요즘은 '미술심리치료사'로 자칫 균형을 잃기 쉬운 사춘기들의 고뇌를
마주하고 있다. 서울에서 '내 마음 속의 그림 미술학원'을 운영하는 중이며, 초로
이후에는 바닷가에 여인숙을 세우고 그림과 글이 어우러진 주막 운영을 꿈꾸고
있다.

"쌤, 나 어떡해에. 아무 생각도 안 나요. 멘붕이야."

수능 점수가 발표된 직후 내게 온 다영이의 메시지다.

미대 입시는 정말 죽도록 힘들다. 다른 수험생과는 달리 하루 24시간을 쪼개서 전공 실기까지 준비해야 하니 살얼음판의 다람쥐처럼 발을 동동 구르며 초조해한다. 가고 싶은 대학은 있는데, 모의고사 점수는 안 나오고, 하루 5~8시간의 전공 실기 시간까지 빼야 하니, 밤을 새워 그림을 그려야 하는 날이 수도 없다.

각자 능력 한계치 이상의 인내를 경험하며 즐겁고 행복하다는 느낌조차도 언제였는지 모르게 보내는 고3 수험생들. 게다가 다영이는 재수생이라는 꼬리표까지 달고 일 년을 달려왔는데, 이번 수능 성적도 생각만큼 나오지 못한 모양이다. 미대 입시를 준비하는 요즘 아이들은 성적도 좋아야 한다. 소위 '인서울'이라도 하려면 평균 2~3등급이 안 되면 간당간당이다. 그림을 평생 업으로 삼겠다는 아이들에게 높은 성적까지 요구하니 대학 진학은 산 너머 산이다.

빨간 머리의 다영이

다영이를 만난 건 10년 전 7월이다. 가마솥 더위의 여름 방학이 시작되고 여느 때와 같이 아이들과의 두더지 전쟁 중에(두더지 게임처럼 한 놈 잡아 앉혀 그림 그리게 하면 또 다른 놈 뛰어 나와 일 저지르고 주저 앉혀 버려도 시켜 놓으면 뒤쪽 놈 일어나서 부탁거리고 하는 학원의 일상을 난 두더지 게임이라 한다.) 웬 소녀 하나가 그림 수업을 받겠다고 달랑 혼자서 등록하러 왔다.

"엄만 안 오시고, 너 혼자 왔냐?"

"네, 엄만 미장원 땜에 바빠요."

"그림 그리고 싶어? 그림, 좋아는 해?"

"네에~ 딴것보담 좋아해요."

그렇게 초등 5학년이던 다영이는 나와 인연을 맺게 되었다. 다영이는 찢어진 하얀 핫팬츠에 민소매를 걸치고 일명 쪼리까지 꿰

차 신고 있었다. 길거리에서 보면 20대 아가씨들의 핫 트렌드인 여름 패션 차림새의 어린 다영이는 껌을 짝짝 씹으며 환하게 웃는다. 머리까지 빨갛게 물들였으니 작은 어른?

부자연스럽고 품위 없어 보이는 복장에 잠깐 신경이 쓰였지만 좌우지간 그림을 시작하게 했다. 또래 애들보다 키도 크고 늘씬하게 쭉 자란 것이 성숙했고. 이성 친구도 있을 법한 모양새였다. 요즘 초등학생들은 이성 친구들과 사귄다고 커플 반지도 나눠 끼고 커플 티도 만들어 입기도 한다. 이성 교제를 시작하는 나이가 갈수록 어려지니 초등학교 때도 지들 나름대로 사귀는 애들이 많다.

다영이는 미장원을 운영하는 엄마 덕에 오빠랑 둘이 있는 시간이 많았다. 서로 간식이나 저녁밥을 챙겨 먹어야 할 때도 많았고 주말에도 엄마는 부재중이어서 배달 음식으로 끼니를 때우기 일쑤였다.

연년생의 남매가 올 여름 대전에서 서울로 이사 온 후 낯선 동네에서 만난 첫 선생이 하필 나였다. 다영이는 겉으로 보기에 성실할 것 같지도 않고 열심히 할 거란 기대를 주는 아이도 아니어서 조금 다니다 말겠지 했다. 그런데 계절이 바뀌고 학년이 올라갈수록 다영이는 그림에 집중했고 날마다 학원을 찾았다. 첫인상보다 순진하고 착했고, 집안일도 잘 돕고 나름 음식도 잘해서 집에서 충분히 제 몫 이상을 하고 있는 아이였다.

나의 사랑, 나의 첫 제자 다영이

중학교에 진학한 다영이를 눈여겨보던 나는 다영이가 중학교 2
학년 되던 해에,

"다영아, 넌 그림 그리는 게 좋냐, 공부하는 게 좋냐?"

"당근! 그림이죠."

"그럼 하루 네 시간 정도 움직이지 않고 그림 그려 볼 수 있겠어?
네가 원한다면 지금부터 니 진로를 정해서 시작할까 하는데…….

"좋아요, 전."

"하루 네 시간 이상 책상머리에서 공부는 못해도 그림 그리는 걸
할 수 있으면 니가 좋아하는 거야, 그림을."

전에도 몇 명의 아이들이 미술을 전공해 보겠다고 굳게 결심을
토하고도 몇 달 버티지도 못하고 보따리를 싸곤 했다. 독종들만 살
아남는 세계……. 수많은 아이들이 드나드는 미술학원에서 평생
그림과 함께 할 싹을 찾아내는 것도 내 몫이다.

본래 아동 전문 미술학원인지라 입시생 상담은 처음부터 거절
하고 다른 적당한 곳을 추천해서 보냈었다. 그러나 다영이와 그림
을 그리면서 점차 전문적으로 키워야겠다는 욕심이 생겼다.

'엄마도 미용사, 이모도 미용사. 손재주와 미적 감각도 물려 받
았으니 좀 더 업그레이드시켜 볼까. 그림을 평생의 자존심으로 삼

는 제일 행복한 여자로 살게 해 볼까.'

이제 다영이를 보면서 섬세하고 구체적인 계획을 세워야 했다.

'대학 입시 이전에 고등학교를 통과해야 하는데……'

전문고등학교는 예술고와 미술고가 있고, 이 드넓은 서울에 갈 만한 학교는 세 군데밖에 없다. 우선 고등학교 입시가 관문이었으니 부모님과 상담하는 시간이 필요했다.

선생님만 믿을게요 잘 부탁드립니다

수업이 없는 일요일에 다영이가 말해 준 곳으로 가서 미장원 간판을 찾았다. 학원에서 그리 멀지 않은 곳에 있었던, 투명 창으로 된 미장원 안은 손님들로 북적였다. 서너 명의 미용사와 많은 손님들 그림자가 어른거렸다. 아주 잠깐 망설이다가 미장원 문을 열고 들어섰다.

"어서오세요!"

세 명의 미용사의 인사를 동시에 받으며 다영이 엄마의 얼굴을 찾았다. 갈등할 것도 없이 개성 있는 붕어빵틀 모습이 단박이다.

"안녕하세요. 다영이 미술 선생이에요."

나의 사랑, 나의 첫 제자 다영이

"아, 네, 선생님 안녕하세요."

"어머니께서 바쁘시니 다영이 진로 상담을 하러 제가 먼저 왔네요."

"선생님 말씀 많이 들었어요. 앉으세요, 이쪽으로."

나는 다영이 엄마의 손을 놀게 할 수 없어서 미용 의자에 앉아 내 머리를 맡긴다. 파마하는 지루한 시간과 독한 냄새, 온몸이 뻐근할 정도로 고정 자세로 꼼짝 못하는 피로감 때문에 일 년에 두어 번 정도 미장원을 찾는 게 고작이었는데, 큰 맘 먹고 "가장 자신 있는 스타일로 맘대로 해 주세요."라고 한다.

그렇게 상담이 시작되었다. 처음엔 부모님이 안 계신 오후 시간을 때우기로 시작한 그림 공부가 이젠 평생을 걸고 나갈 길인가를 판단해야 하는 상담이 시작되었다. 두어 시간의 지루한 파마 시간을, 그 시간만큼의 아이에 관한 좋은 얘기와 충분한 정보를 맞바꾸고 일어섰다. 나와 거울을 통해 상담하는 내내 다영 엄마는 수시로 자리를 옮겨 이 사람 저 손님의 머리들을 만져 주고, 남자 아이들의 컷트와 할머니의 머리 염색과 파마 후 손질을 했다. 드라이어까지 손에 들었으니 소위 1인 3역을 해낸 것이다. 직원들에겐 이것저것 지시하고 그 틈에 오는 손님마다 차 한 잔까지 권했다. 그런 모습을 쳐다보는 나도 정신이 빠질만큼 바빴다.

'내 학원만 그런 게 아니라 여기도 전쟁터구나.'

다영 엄마는 나에게 섹시하고 지적이라는 이름 모를 파마머리를 선사했다. 나는 머리 위에 안개꽃 한 다발을 빠글빠글하게 올린

넌 아름다운 나비야

모양새의 머리가 유리창에 비춰지는 걸 보며, 섹시해 보이나, 하고 피식 웃는다.

"선생님만 믿을게요. 잘 부탁드립니다."

파머 약과 염색약으로 얼룩진 다영 엄마의 손을 꼭 잡아 주며 어떻게 하든 꼭 그림 그리는 멋진 여자로 살아가게 하겠다고 약속한다.

질풍노도의 시기를 건너는 다영이 그리고 배신감

시작은 늘 행복하고 부푼 희망이다. 좋아하는 그림만 죽어라 그리면 얼마나 간단한가! 모든 게 척척척, 그림 그리고, 원하는 학교 진학하고, 그림 그리며 멋지게 살고…… 이렇게 간단명료하게 끝날 수 있다는 착각은 절대 금물이다. '잘 되는 꼴은 못 본다.' 하고 달려드는 옛 동화의 마녀들이 장애물로 불쑥불쑥 앞을 가로막으며 일이 꼬이기 시작한다.

'중학교 2학년 여학생. 그리고 사춘기.'

없었으면 좋았을 이 단어가 우리 선생들에게는 마녀 그 자체였다. 그러니까 '휴전선이 튼튼한 건 방위병 도시락과 중2의 럭비공

251

나의 사랑, 나의 첫 제자 다영이

행보가 무서워서.'라고 하지 않던가.

사춘기의 반항, 그 질풍노도가 폭포처럼 쏟아졌다. 친구 생일 파티에, 노래방에…… 수업도 빠지고 멋을 내기 시작했다. 책가방에선 화장용 콤팩트나 립글로스, 비비크림이 나오기 시작하고, 아랫도리는 계절에 상관없이 무릎을 덮어 놓고 있질 않았다. 멀리서 보면 상의만 입고 신발만 신은 꼬라지다. 당연히 이 핑계 저 핑계로 그림 그리는 일을 소홀히했다.

'어쩌나, 엄마 상담 이후 두어 달 잘하더니 이게 날라리가 되려나. 참을까, 족칠까?'

학원 앞쪽에 있는 아파트 단지 놀이터는 해가 지면 중학생들의 아지트가 된다. 끼리끼리 대여섯 명씩 모여서 수다도 떨고 깔깔거리고 데이트도 한다. 저녁 먹고 온다며 나간 다영이의 목소리가 그 무리에 섞여 있다. 컴컴한 어둠 속에서도 또렷하게,

'이젠 잡아야겠구나. 노래방, 피시방, 로데오 거리를 휘젓고 다니고, 남자 친구들 틈에서 밤마실 가서 노는 일도 이젠 끝장내야 하는 거다.'

나는 행여 나쁜 행보로 빠질까 봐 조바심을 내기 시작했다.

주말 수업을 약속했던 다영이는 남자애들과 경기도 의정부까지 다녀왔다. 나도 한 번 가 보지 않은 곳인데 지하철을 타고 버스를 갈아타고, 친구가 가자고 한다고 하루 작업량을 깡그리 빼먹고 거짓말까지 하고선 낯선 도시에서 놀다가 왔다. 몸이 아프대나 뭐래

넌 아름다운 나비야

나 하면서……. 상담 후 하루 네 시간씩 꼬박꼬박 그림 그린 후 밤에 혼자 가는 아이 걱정 때문에 다영이를 매번 집에 데려다 주고 혼자 돌아오는 길이 나도 무서워 종종 거리며 뛰어왔었는데…….

'나더러 어쩌라구, 이놈아.'

배신감이 가장 컸다.

약속 시간도 안 지키고 화장으로 떡을 치고 다니고, 옷 입는 것도 걸 그룹이 텔레비전에서 바로 튀어나온 무대 의상이다. 쌍쌍이 노닐고, 집에 늦게 귀가하고…… 정말 수순대로 아이들은 질풍노도 도정을 그대로 밟아야만 제대로 클 수 있는 건가. 두 사람 몸이 한 사람 옷에 들어 있는 듯 조석으로 날 울리고 웃겼다.

일단 다영이를 만나는 서너 명의 남자애들과 여자 친구들을 모두 학원에 데려오라 했다. 날마다 같이 노는 멤버들을 한 자리에 다 모이게 하지 않으면, 미술고 진학이고 나발이고 다 때려치우고 학원을 그만두라고 소리를 질렀다. 의정부에 가서 하루 몰래 놀고 온 다음 날 다영이는 책상에 손을 짚고 엉덩이를 내밀고, 나에게 삼십대를 맞았다.

"거기가 어디라고 거길 가? 무섭지도 않대? 여중생이 겁도 없이 오밤중까지 싸돌아다니고…… 이따위로 할 거면 따 때려쳐. 너같이 놀면서 갈 수 있는 학교가 아냐, 이 나쁜 것아!"

친구들과 노느라 그림 못 그린 것 때문만이 아니라 다영이가 앞으로 벌이게 될 일이 더 암담해서 나 딴에는 이 악물고 두들겨 패

준 거였다. 다영인 말없이 꾹 참고 삼십 대를 두드려 맞는데, 난 가슴 깊은 곳에서 '울컥' 덩어리가 올라왔다. 눈물이 솟았다. 쪽팔려서 진짜…….

다영이는 친구들을 불러 모았다.

"다영인 곧 미고 입시가 있어. 내가 니들 보고 다영이를 만나지 말라는 게 아니다. 시험도 몇 달 안 남았는데, 얘가 3학년 올라와서 니들 하고 놀러 다니느라 그림도 안 그려. 어쩌냐? 난 다영이 미고 보내야 하는데…… 어쩔래? 니들."

난 다시 머리통을 푹 꺾은 채 손가락만 쥐어뜯고 있는 애들을 번갈아 쳐다보며,

"니들, 놀이터에서 휘파람 불어서 다영이 불러내지 마라. 갑자기 서울을 벗어나서 기타 들고 나가도 안 되고, 늦은 시간에 노래방에 있어서도 안 되고, 밤거리에 니들끼리 다녀도 안 되고……."

내가 가장 내뱉고 싶지 않았던 '안 되고, 안 되고, 안 되고…….' 가 정신없이 쏟아져 나왔다.

"다영이 보고 싶으면 학원으로 와. 입시생은 다영이뿐이니까 늦은 시간에는 나랑 둘이만 있다. 선생님이 맛있는 거 사 줄 테니까 학원으로 와, 알았지? 약속해 줘. 다영이 그림 그릴 수 있게 니들이 도와줘."

끄덕끄덕, 예, 하는 대답 소리가 나오는 걸 보니 역시 애들은 여리고 착하다. 오라고 하니까 온 애들이다. 담임 선생님이나 학생

넌 아름다운 나비야

'이제는 참을 수가 없구나. 이놈아.'

배신감이 가장 컸다.

약속 시간도 안 지키고, 화장으로 떡을 치고, 옷 입는 것도

걸 그룹들이 무대에서 바로 튀어나올 것 같은 무대 의상이다.

쌍쌍이 노닐고, 집에 늦게 귀가하고, 정말 수순대로

다영이는 질풍노도 도정을 그대로 밟아야만 하는 건가.

주임이 부른 것도 아닌데 말이다. 대여섯 놈이 한 소파에 다닥다닥 앉아 내 말을 듣고 있는 것을 보니 아직은 착하고 순진한 어린애들이었다. 엄포도 놓고 회유도 하고 주머니를 비워 가며 짜장면과 탕수육을 먹였다.

갈 곳이 없어서
학교 간다는 아이들

여섯 아이 모두 힘든 가정환경을 이겨 내는 착한 아이들이었다. 부모님이 별거 중이거나 이혼한 아이, 할머니랑 사는 아이, 알코올 중독인 아버지, 조울증을 앓는 엄마…… 집이 싫고 무서운 아이들이다. 미래의 꿈과 희망에 관해서는 아무도 설명해 주지 않고 들어 주지도 않는다. 돈이 필요하면 전단지를 새벽에 돌리고 만 원도 안 되는 용돈으로 쓰다가 다시 돈이 필요하면 파트타임 알바를 찾아나선다. 하루살이처럼 눈뜨면 하루 때우고, 밤이 되면 친구네 집에서 얹혀 자거나 공사 중인 현장들 찾아 돗자리 깔고 쭈그려 잔다고 했다. 기가 막히고 답답했다.

갈 곳이 없어서 학교 간다는 애들…….

"학교 가면 급식은 주잖아요! 공부하는 애들 틈에서 내신 깔아 주는 데 일조하고 수업 시간엔 엎어져 자도 아무도 깨워 주지 않아요."

각자 아픔만큼 현실에 맞설 힘도 없는 그 애들은 서로를 알아보고 친구가 된 것이다. 그런 아웃사이더들 중 다영이가 가장 좋은 환경을 가진 셈이다. 출발부터 불공평했던 아이들인데 어찌 노력을 강요해서 딴 애들과의 간극을 줄이라고 강요할 수 있을까? 작은 몸뚱이에 매달려 있는 인생이란게 얼마나 힘에 부칠까…….

그 뒤로도 아이들은 가끔씩 다영이를 만나러 학원으로 놀러왔고 이것저것 묻기도 했다. 마술사가 꿈인 한 남자에게는 내가 콘서트 관람료라고 몇 번 용돈을 쥐어 주기도 했다. 슈퍼스타K (오디션 방송 프로그램) 나가는 게 꿈이라는 그 사내아이의 희망을 불안하게 예측하면서.

중2 말 중3 초에 걸쳐 화려하게 속 썩이던 다영이는 다행히 입시 몇 달 남겨놓고 사람이 바뀌었다. 그 후 우리 둘은 이젤과 마주하며 정말 바쁘게 지냈다.

어린이들을 빼면 입시생이래야 달랑 다영이 한 명. 나는 나대로 정말 눈코 뜰 새 없는 시간을 보냈다. 정규 수업을 일곱 시에 끝내고, 다영이랑 저녁 먹고 시작하는 그림 작업 네 시간 알람을 맞춰놓고 손목시계를 힐끗거리며 정물소묘가 진행되는 것을 지켜본다. (그땐 심리 수업을 하지 않을 때라 그나마 여유가 있었다.) 사물 7~8가지가 정물대에 놓이고 오로지 4B 연필 한 자루로 네 시간짜리의 정물화를

나의 사랑, 나의 첫 체자 다영이

완성하는 것. 미술 고등학교의 실기 시험이다. 서울미고는 소위 전국구이다. 사물의 종류와 재질에 따라서, 형태와 색에 따라서 어느 날은 훌륭하고 어느 날은 한심스러운 그림들이 차곡차곡 쌓여갔다. 주말이 되면 네 시간짜리 그림을 두 장에서 세 장으로 늘려 그리게 했다. 학원에서 둘이 밤을 새워야 하는 선생 역시 입시 스트레스가 만만치 않았다. 감기 한 번 걸려도 쉬이 낫지가 않고 목청이 쉬면서 중3 여름 방학을 기점으로 집안 식구들보다 더 붙어 있어야만 했다. 단 한명의 입시생과 나는 하루의 반 이상을 같이 살았다. 합격률 100% 혹은 0%를 예측하며.

예고와 미고 입시는 미리 치르는 대학 입시다. 예고·미고에 진학한 아이들은 특별한 변수가 없는 한 대학 진학도 길이 열려 있는 편이다. 특성화 고등학교의 커리큘럼대로 일반고와는 차별화된 수업 방식으로 학교 정규 수업 프로그램 내에 각 전공별 실기 수업이 가득하다. 그림 그리는 일이 제일 행복한 아이들에겐 꿈의 학교인 셈이다.

미고는 서울 관악구쪽 낙성대 부근에 있는 우리나라 유일한 미술 전문고등학교니 당연히 전국의 환쟁이 지망생들이 몰려온다. 중학교 내신을 산출해 보니 중간 정도 나온다. 실기가 완벽해야 승산이 있다. 맘은 급하고 입시철이 가까워 초조해졌다. 겨울 냄새는 입시철의 공기의 향이 있다. 차가운, 그리고 슬프기까지 한 외로움의 냄새. 다영이와 수업을 끝내고 서울 하늘에도 별 총총이 있었네, 하며 새벽으로 달리는 시간에 우린 한 주머니에 서로의 손을 꽂은 채로 꼭 잡고 뛴다. 춥기도 하고 무섭기도 한 새벽 거리 2킬로미터. 그 애를 데려다 주던 그 초겨울의 공기의 향을 난 평생 기억할 것 같다.

밤을 샌다고 앉아서 8시간 이상 그림을 그리다 보니 사이 사이 선생도 제자도 교대로 꾸벅꾸벅 존다. 외로움과 싸우면서 혼자서 입시생 자리를 지킨 다영이는 원하는 학교에 진학을 했다. 나 역시 도시락을 싸들고 한 명의 제자의 미술 실기 시험장에 따라 나섰고, 그해 겨울 우리는 행복했었다. 울고 웃고 슬프고 기쁘고 화나고 서운한 모든 감정들을 다영이 스스로 깔끔하게 정리해 버렸으니, 나는 가끔 미안하다.

너는 내 첫 사랑, 첫 제자

몇 달을 속썩이며 날 눈물 짓게도 했지만 고등학교 진학 이후로 다영이는 한층 의젓해졌다. 정신적으로도 많이 성숙하고 자신의 미래와 삶에 대해서도 진중하게 목하 고민 중이다. 멋내던 여중생의 럭비공 소녀의 모습이 사라지고 추리닝 바지와 야상으로 무장

한 섬머슴아 같이 변한 다영이는 재수 시절 불쑥불쑥 날 찾아와

"쌤~ 보고 시퍼쩌."

혀 짧은 소리로 꽃다발하고도 들어오고 떡볶이 비닐봉지랑도 들어왔다. 동양화를 전공한다고 장미 한 송이 그려 벽에 붙여 주고 예쁘게 나온 제 사진도 덤으로 주고 간다.

"우헤헤. 나 보고 싶을 때 봐용~."

그런 다영이가 재수까지 했는데 수능 점수가 안 나왔다고 징징 댄다. 미고에서도 내신을 상위권으로 유지하고 실기도 소홀함 없이 하고 그림도 좋은데 말이다.

어쨌든 이젠 거의 다 왔다.

결과가 나오는 것도 내 몫이 아니고,

대학이 뭐라고……

그림 그리는 여자로 행복하게 살면 그만이지.

열심히 달려 온 다영이가 내일은 실기 시험을 보는 날이다.

제일 가고 싶은 대학……

중학교 시절 처음 치른 미고 입시처럼

올 겨울에도 다영인 기쁜 소식을 전해 주리라 믿는다.

그 겨울의 찬 바람 냄새가 난다.

눈을 감고 난

'너는 내 첫사랑이고 첫 제자란다.'
그렇게 혼잣말을 하니
가슴이 아린다.

눈발과 찬바람 풍경이
우수수 쏟아질 것 같다.

나의 사랑, 나의 첫 제자 다명이

벌레 먹은 사과

김훈정

별명은 왈왈 에너자이저. 불의를 그냥 넘기지 못하는 성미다. 으르렁 왈왈거리면서 반드시 바로잡아 놓는다. 빈틈없이 정리된 책상과 서류철, 빽빽한 스케줄러! 어떤 일이든 거침없이 해결하고 새로운 것에 도전하는 데 곁에 있는 이들을 위해 자신을 기꺼이 나누는 시간은 도대체 어디에서 준비되는 것인지 불가사의다. 겉과 달리 오지항아리 같은 속이 세심하고 따스하여 정신 차리고 보면 어느 틈엔가 그녀의 시끄러운 울타리 안에 제 발로 걸어 들어가 함께 에너지 충만해 있는 자신을 발견하게 된다. 지금은 공주정명학교에서 특수교사로 아이들을 만나고 있다.

빨래하다 젖은 손으로 간신히 벨소리의 끝을 잡았다.

"저기, 혹시 흠 있는 사과라도 좀 먹을텨?"

미안함이 묻은 목소리의 주인은 과수원집 외며느리 조 선생님이었다. 냉큼 좋다고 대답했다. 시부모님의 생계인 과수원에서 상품으로 팔려 나가는 사과를 덜어 내기는 어렵지만 흠이 조금씩 있는 사과라도 맛보이고 싶고, 그러면서도 그걸 미안해 하는 마음이 선생님의 표정에 그대로 묻어났다. 무거운 사과 박스를 들고 낑낑대며 4층 계단을 올라오는 동안 상자 모서리에 짓눌려 아픈 손을 비빌 틈도 없이 사과 두 알을 꺼냈다. 흐르는 물에 깨끗이 씻어 한입 크게 베어 물었다.

시원하고 달콤한 꿀물이 목덜미를 훑어 내려가는 순간 묘한 마음이 일었다. 사과는 까치가 쪼아 댄 것이 제일 맛있다고 한다. 갈색으로, 검은 색으로 변하며 썩어 가는 부위를 도려내면 까치가 먼저 알아보고 탐낸 그 맛이 짜릿한 환희로 온몸을 전율케 한다. 썩은 곳을 도려내며 사과를 먹다가 문득 내게로 온 녀석들을 생각했다. 흠 있는 사과처럼 크고 작은 상처를 가지고 온 아이들.

존경하는 판사님께

새 천년이 시작되면 정보화 사회의 모든 시스템에 큰 혼란이 일 것처럼 언론은 연일 호들갑을 떨었지만, 아무것도 바뀐 것 없이 새 천년의 평범한 첫날은 밝아왔다. 그러나 새 천년의 시작과 함께 특수교사로서 교직에 첫발을 디딘 내가 처음 들은 말은 '교도소'였고, 내가 처음 쓴 글의 첫 문장은 '존경하는 판사님께'였다.

여러 선생님들의 이야기를 통해 우리 반 아이들이 현재 학교에서 어떤 모습으로 생활하고 있는지 느끼게 되자 눈앞이 깜깜했다. 그 중 한 녀석은 절도죄로 경찰서 유치장에 있으며 곧 교도소로 넘어갈 것 같다고 했다. 첫날부터 '멘붕'이었다.

다음 날, 출근길에 담당 형사를 만나러 갔다. 내 학생이 된 녀석의 얼굴이라도 한 번 봐야 할 것 같았다. 굳게 닫힌 경찰서 유리문은 더욱 차가워 보였다. 두려운 마음을 간신히 누르며 찾은 담당 형사는 아이가 홍성에 있는 교도소로 이미 넘어갔으며 조만간 재판이 있을 것이라고 했다. 며칠 뒤, 멀미약을 단단히 먹고 여러 번 버스를 갈아타며 홍성 교도소로 면회를 갔다. 녀석은 아무렇지도 않은 얼굴로 낯선 나를 신기하다는 듯 쳐다보았다. 까무잡잡한 피부와 오랜 농사일에 지친 농부를 닮은 거친 얼굴과 손이 눈에 들어왔다. 정신은 미숙하지만 또래보다 크고 튼실하게 발달한 체격을 가지고 있는 녀석이었다.

온 가족이 지적 장애를 갖고 있는 아이는 동네에서 힘깨나 쓴다는 형들과 어울리며 그들이 시키는 온갖 못된 짓의 뒤치다꺼리를 도맡았기 때문에 '별'을 단 지 벌써 오래였다. 눈을 동그랗게 뜨고 호기심 가득한 눈으로 나를 쳐다보는 녀석에게 내가 너의 새 담임이라고 말해 준 다음, 이런저런 호구 조사를 끝낸 후 일어섰다. 돌아오는 길에 담당 형사에게 들러 내가 할 수 있는 일이 무엇인지 물어보았다. 곧 재판을 받을 테니 판사에게 편지나 한 장 쓰라고 했다. 그게 다였다. 당찬 포부를 갖고 들어선 교직 생활 첫 해에 나의 나약함, 무능함과 절절하게 직면하였다. 오랜만에 잡아 본 편지지를 앞에 두고 밤새 끙끙대며 아직 얼굴 한 번 제대로 쳐다보지 못한 녀석의 불쌍함과 억울함 그리고 선처로 인한 변화 가능성에 대해, 알고 있는 모든 선량한 어휘를 동원하여 구구절절 써 갔다.

벌레 먹은 사과

결과는 퇴짜였다. 담당 형사는 판사에게 보내는 편지에는 특별히 '예의'라고 불리는 일정한 격식이 있는데, 그걸 하나도 지키지 않았다고 지적하면서 어떤 예의를 갖추어야 하는지 매우 꼼꼼하게 설명해 주었다. 선생님들이 들려준 이야기를 바탕으로 밤새 머리를 쥐어뜯으며 쓴 편지는 첫 문장부터 틀렸다고 했다.

"안녕하세요. 판사님."

그건 "존경하는 판사님께"로 시작되어야 맞는 문장이었다. 그 특별한 예의를 차리느라 어려운 한자 말들을 사이사이 알박이 하면서 다시 밤을 새웠다. 사람들이 법 앞에 서면 왜 자신을 작고 초라한 존재로 인식하게 되는지 백지 한 장을 채우면서 절감했다. 편지는 담당 형사를 통해 법원으로 들어갔지만 효력을 발휘하지는 못했다. 이미 전과가 여러 번 있는 녀석에 대한 선처 호소는 형식적인 절차로 치부되었고, 자신을 변호할 능력도, 도움을 줄 온전한 부모도 없는 녀석은 그렇게 흐지부지 학교를 떠나고 말았다.

새 천년은 평온하게 시작되었지만, 교사라는 새 인생을 시작한 나는 중세로 빨려 들어가는 기분이었다. 너무나 초짜 교사라서 아무런 힘이 되어 주지도 못하고 철저하게 편을 들어 변호해 주지도 못한 채 허무하게 한 녀석을 잃고 말았다. 그 기억은 내내 아픔으로 남았다.

넌 아름다운 나비야

욕 잘 하던
그 녀석

남들은 새로운 환경에 적응하는 것이 고달파서라도 한 학교에서 최대한의 근무 기간을 채우려고 애쓴다는데 나는 역마살이 낀 것처럼 3년만 되면 엉덩이가 들썩들썩했다. 그리고 용케도 3년마다 학교를 잘도 옮겨 다녔다. 2010년 전근 간 학교에서 또 한 녀석을 만났다.

출근 첫날, 아침 회의를 하기 전에 교실에 들러 잠시 여기저기 둘러보고 있는데 한 녀석이 문을 확 열어젖히며 교실로 들어섰다. 그 서슬에 미닫이 출입문이 벽에 부딪쳤다가 3분의 2쯤 튕겨 나왔다. 깜짝 놀라는 나를 보고 녀석은 눈을 동그랗게 뜨면서 물었다.

"우리 선생님, 어디 갔어요?"

"너는 너의 선생님과 작별 인사를 못했구나. 어쩌지! 네가 알고 있는 우리 선생님은 다른 학교로 가셨고, 오늘부터는 내가 우리 선생님이 될 텐데."

큰 눈을 동그랗게 뜨고 불안한 듯 나를 똑바로 보지도 못한 채 시선을 아무렇게나 옮기던 녀석은 별안간 큰 소리로 "안녕하세요?"라고 인사했다.

'그 놈 참 센스 있는 놈이네.' 생각하면서 나도 짧게 "안녕."이라고 답해 주었다.

벌레 먹은 사과

녀석은 딱히 볼일이 있어서 교실에 들른 것은 아닌 듯, 책상 서랍과 사물함의 문을 여기저기 열어 보며 알아듣기 힘든 작은 소리로 구시렁거리다 예의 바르게 인사를 하고 문을 열 때와는 180도 다른 모습으로 문을 닫았다. 그리고 잠시 뒤, 교실 앞 건물에서 욕을 퍼붓는 소리가 들려왔다. 창문으로 급히 고개를 내밀었지만 목소리의 주인공은 사라지고 없었다. 학교에서 그렇게 큰 소리로 욕을 할 수 있는 아이가 누군지 무척 궁금했다.

조회가 끝나고 출근 첫날의 어색함, 서먹함, 낯설음이 아무렇게나 뒤엉켜 나름 복잡한 심경도 다잡고 교실도 정리하기 위해 교무실에서 나왔다. 좁은 복도에서 짧은 머리카락을 가진 뒤통수 하나가 같은 방향으로 앞서 걷고 있었다. 아까 그 녀석인가? 그런데 별안간 앞서 가던 짧은 머리 녀석에게서 정체불명의 다양한 욕설이 튀어나오기 시작했다.

"시베리안 허스키, 조카 신발 같은 놈. 개나리 십 색 볼펜 씹어 먹을 껌 같은 놈! 존나 십장생, 아~ 수박 씨 발라 먹을 놈."

욕은 끝이 없었다. 난생 처음 들어보는 욕들이 뒤를 밟고 있는 내 귀에 생생하게 전달되었다. 어렸을 적 기억에, 술을 드시면 그렇게도 욕을 잘 하시던 내 아버지보다 한 수 위였다. 점점 녀석의 정체가 궁금해지고 도대체 저 모든 욕은 어디서, 누구에게 배웠을까, 호기심마저 일었다. 주위에서 저를 보고 있는 사람이 있든지 말든지 전혀 신경 쓰지 않는 모습이었다. 그런데 2층으로 통하는

넌 아름다운 나비야

계단에서 다른 남자 아이들이 떠들며 내려오는 소리가 나자 녀석
이 부리나케 후다닥 뛰어가 우리 교실 문을 벌컥 열고 들어가는 것
이 아닌가!

'하느님 맙소사. 제발 저 아이가 제 아들 녀석은 아니길……. 절
대 우리 반 녀석이 아니길……. 제기랄.'

무식하고
단순한 결론

그렇게 전쟁은 시작되었다. 짐짓 아무렇지도 않은 척하며 들어
선 교실에는 불안한 눈동자를 이리저리 굴리며 안절부절 복도를
쳐다보고 있는, 아침에 우리 선생님을 찾았던, 나와 짧게 인사를
나누었던 그 녀석이 있었다. 녀석은 아까 복도에서 분명한 대상을
향해 욕을 했나 보다. 생각 없이 큰 소리로 욕을 뱉어 내고 보니
그 욕을 들은 상대 녀석의 보복이 갑자기 두려웠나 보다.

"오늘은 여기서 수업 안 하는데?"

"왜요? 옛날 선생님은 맨날 맨날 여기서 수업했는데……."

"그건 옛날이야기고. 이젠 내가 이 교실에서 수업하는 선생님이
까. 내 방법으로 수업할 거야. 이번 주는 여기서 수업 안 해. 그렇지

만 쉬는 시간에는 언제든지 환영이야. 왜 교실에 가기 싫으니?"

녀석은 원망스러운 듯이 나를 짧게 쳐다보고는 고개를 숙인 채 나갔다. 문 밖으로 나간 뒤에도 한동안 복도에 서 있더니 교실이 아니라 체육관을 향해 뛰어갔다가 수업이 끝나는 종이 울리자마자 교실로 줄달음쳐 들어왔다.

"아까, 교실에 들어갔었니?"

한참 눈을 껌뻑거리던 녀석이 퉁명스럽게 대답했다.

"네."

그러나 녀석의 거짓말은 우르르 몰려 온 같은 반 아이들에 의해 금방 들통이 났다. 아이들은 지난 시간에 왜 교실에 안 들어왔는지부터 시작해 작년에 있었던 사건까지 들추어내며 시작과 끝을 알 수 없는 질문 세례를 퍼부었다. 친구들의 소나기 같은 질문이 싫었는지, 나에게 거짓말을 들킨 것이 당황스러웠는지 녀석은 문을 거칠게 열고 2층 계단으로 날쌔게 뛰어올라갔다. 전임 선생님께 어떤 학생인지 대충 들었지만 첫날부터 신랄한 욕설에 빠른 거짓말에 우당탕 거칠게 뛰어다니는 불안한 모습까지 녀석의 첫인상은 그야말로 '꽝'이었다.

일주일 동안 수업은 하지 않았지만 쉬는 시간과 점심시간마다 교실로 와서 눈을 맞추었던 아이들이었기에 얼굴과 이름은 익혀 둔 상태였다. 그 녀석의 이름은 '준'이었다. 첫 수업 시간에 '고민이 있거나 학교에서 부당한 일을 당하면 선생님에게 꼭 이야기할 것'

을 부탁하면서 말하지 않을 경우에는 어떠한 도움도 주지 않겠다는 엄포도 놓았다.

반 아이 네 명 중 두 명은 보호자라는 튼튼한 울타리 안에 있었고, 한 명은 보호자라는 울타리를 욕하며 원망하고 있었다. 나머지한 명은 스스로가 자신의 보호자였다. 부모를 욕하며 원망하는 녀석은 나와 요란하게 첫 대면했던 준이였다. 가정 방문을 다녀오고나서 내 기억 속에 남은 것은, 가끔 부모님 방에서 담배를 몇 개비씩 훔쳐 피운다는 준이의 솔직한 고백과 조그맣게 짓이겨진 담배꽁초가 수북한 두 개의 재떨이뿐이었다.

첫 만남부터 역동적이었던 우리는 크고 작은 일들로 부딪치면서 아웅다웅했다. 그러면서 아이는 아이대로, 교사는 교사대로 서로에게 적응해 갔다. 그러던 어느 날, 얼굴이 붉으락푸르락해진 준이가 계단을 서너 칸씩 위험하게 뛰어내려왔다. 얼굴은 이미 울기직전이었다. 계단 앞에 서 있는 나를 쳐다보지도 않고 연방 험악한육두문자를 쏟아 내면서 교문 밖으로 사라졌다. 가끔 제 성질을 못이겨 교문 밖으로 뛰쳐나가곤 했지만 여느 날과는 달랐다. 소리쳐 부르면서 뒤따라갔지만 대꾸도 않고 금세 시야에서 사라져 버렸다.

준이의 통합 학급으로 올라가 자초지종을 캤다. 그 많은 아이들이 함께 있었는데, 속 시원한 대답을 듣지 못하고 발길을 돌려야했다. 학기 초부터 준이를 힘들게 하는 아이가 있다는 얘기를 듣고잘 대해 줄 것을 부탁했지만, 그 아이도 준이도 서로 변하지 않으

벌레 먹은 사과

니 늘 도돌이표 같은 상황의 반복이었다.

"문재야, 나 좀 보자. 방금 준이가 교문 밖으로 뛰어나갔어. 얼굴을 잠깐 봤는데 엄청 화가 난 표정이었거든. 무슨 일인지 넌 알지? 네가 또 약 올렸니?"

"아니요. 샘이 지난번에 얘기한 뒤로 저는 준이랑 말도 안 해요. 다른 애들한테 확인해 보세요."

"그래, 그럼 너라고 생각한 부분에 대해서는 사과할게. 혹시 준이가 왜 그러는지 너는 아니?"

"제가 어떻게 알아요. 저 개한테 관심 없어요."

"야! 선생님이 괴롭히지 말고 잘 대해 주라고 했지. 언제 관심을 뚝 끊으랬냐?"

아이는 벌써 귀찮다는 듯이 돌아서 친구에게로 가고 있었다. 전교에서 소문난 아이였다. 노는 아이들의 대장임이 분명한데, 증거를 남기지도, 배신자를 키우지도 않는 무시무시한 녀석.

수업 시작을 알리는 종이 울리고도 준이는 교실로 돌아오지 않았다. 불안한 마음을 다독이며 수업을 시작했다. 15분이 지났을까, 복도에 슬리퍼를 끄는 소리가 들렸다. 까치발을 한 준이가 교실 안의 동정을 살피고 있었다. 교실 문을 벌컥 열고 쭈뼛거리는 준이를 향해 냅다 고함을 질렀다.

"야, 이 자식아. 왜 왔니? 아주 집으로 가지 그랬냐. 이젠 뛰쳐나가는 데 이골이 났구나. 이 나쁜 놈의 새끼. 나랑 한 번 해보자는

넌 아름다운 나비야

거지? 이걸 그냥 확 죽여 살려.”

“죄송~해요.”

“죄송해요~. 죄송이 뭔지는 아니? 죄송하다는 놈이 매번 이러
냐. 내가 너랑 싸움하기도 지겹다. 야. 너 그냥 집에 가라.”

“죄송합니다.”

폭풍우처럼 몰아치는 나의 언어폭력 앞에 준이는 죄송하다는
말만 되풀이하며 고개를 푹 숙이고 서 있었다. 교실의 주인인 녀석
을 교실 밖에 세워둔 채 듣는지 안 듣는지 상관하지 않고 소리를
질렀다. 준이는 교실에 들어설 엄두도 내지 못했다. 소리를 지르
는 동안 화가 가라앉자 준이가 교실로 들어올 수 있도록 문에서 비
켜섰다. 의기소침했던 준이는 자리에 앉자마자 언제 무슨 일이 있
었느냐는 듯이 아무렇지도 않게 옆에 앉은 아이를 타박했다. 그러
면서도 흘깃흘깃 곁눈질로 내 눈치를 살폈다. 늘 죄송하다는 사과
를 넙죽넙죽 잘도 하는 준이는 교사를 귀찮게 하는 소소한 사건을
아침부터 저녁까지 달고 다녔다. 어떤 날은 복도에서 큰 소리로 육
두문자를 뱉어서, 어떤 날은 학교 안과 밖, 본인이 사각지대라 생
각하는 곳에서 담배를 피워서, 어떤 날은 수업을 빠지고 장터 구경
을 가서, 어떤 날은 제멋대로 결석을 해서, 어떤 날은 밤새 피시방
에서 게임을 하느라 집에 들어가지 않아서.

좋은 말로 타이르다 지친 나는 준이가 뱉었던 욕을 그대로 돌려
주면서 녀석의 상처를 자극했다. 그럴 때마다 준이는 나를 보며

벌레 먹은 사과

"선생님이 욕해도 되요?"

"얌마, 너도 하는데 나는 왜 못 하니? 그리고 이거 전부 다 너한테 배웠잖아."

사사건건 부딪칠 때마다 준이의 진심은 무시하고 상처를 긁어 덧내면서 힘자랑을 하던 나는 녀석을 납작하게 눌러야 내가 다시는 같은 문제로 준이와 마주할 일이 없을 것이라는 무식하고 단순한 결론을 내렸다.

나는 네가 너무 밉다

늘 문을 벌컥벌컥 열어 놀라게 하던 준이가 언젠가부터 내가 교실에 있을 때면 잔뜩 주눅이 들어 조용히 들어오거나 아예 교실을 지나쳐 운동장을 배회하거나 교문 옆 나무그늘에서 자투리 시간을 보내기 시작했다. 그러나 준이는 내 시야를 벗어나서도 평화를 얻지 못했다. 전교생의 눈과 귀가 준이의 말과 행동을 나에게 옮겨다 주었기 때문이다. 옮겨진 얘기대로 닦달 당할 때마다 '죄송합니다, 잘못했습니다, 다시는 안 그러겠습니다.'를 녹음기처럼 읊어 댔지만 열 발짝을 못 벗어나 투덜투덜 구시렁거려서 다시 불려오곤 했다.

그날도 준이가 왜 그렇게 학교 밖으로 뛰쳐나갈 수밖에 없었는 지에 대해서는 관심을 두지 않고 오로지 위험한 돌발 행동으로 나를 걱정시켰다는 미움만 가득해서, 녀석의 당연한 권리인 변명을 허용하지 않았을 뿐만 아니라 이야기를 들어주어야 할 나의 당연한 의무도 잊었다. 아마도 늘 당해 오던 일들이 준이의 화를 돋우었을 것이고, 교실에서 자신이 느끼는 부당함에 대해 거칠게 표현하다가 다른 녀석들의 거센 항의에 맞닥뜨렸음이 분명할 터이다. 수업이 끝난 뒤 점심을 먹고 들어온 준이를 붙잡고 마주앉았다.

"준아, 선생님 너무 힘들다. 너 때문에. 선생님이 위험하다고, 나쁘다고, 그래서 하면 안 된다고 한 일들을 너는 계속하고 있잖아. 그래서 선생님은 네가 너무 밉다."

"죄송합니다. 다시는 안 그럴게요."

"글쎄, 맨날 대답은 잘 하는데, 약속을 하나도 안 지키잖아. 그래서 나, 이제 니 말도 못 믿어. 너 통합 학급으로 돌려보내고 싶어. 진짜야."

"죄송해요. 선생님 반성문 쓸게요. 많이 쓸게요."

"야, 이 녀석아. 한 학기도 안 됐는데 니가 쓴 반성문이 삼십 장이야. 반성문을 쓰면 뭐하니, 종이랑 연필만 아깝지."

나를 피해 시선을 어디에 두어야 할지 고민하던 준이의 눈에는 벌써 그렁그렁 눈물이 가득 차 있었다. 사내아이는 어떻게 키워야 하는 것일까? 더구나 변덕스러우면서도 여린 사내 녀석은 어떻게

벌레 먹은 사과

보듬고 키워야 하는 것일까? 정말 모르겠다. 준이는 눈치만으로도 화가 잔뜩 난 선생님 앞에서는 자신이 어떻게 해야 하는지를 재빠르게 파악하고 있었고 사과의 말을 실타래처럼 주저리주저리 걸고 있었다. 처음에는 사과를 하는 준이의 태도가 참 예쁘고 대견스러웠다. 그러나 변함없는 그 말투와 바뀌지 않는 행동은 어느 순간부터 오히려 화를 돋우기 시작했다.

다른 아이들의 온순함에 비례하여 준이의 거칠음은 날이 갈수록 도드라져 보였다. 아마 준이도 내가 저에게 한동안 그랬던 것처럼 저의 거칠음을 이용해 나의 됨됨이를 저울질하고 있었는지도 모르겠다. 왜 교문 밖으로 위험하게 뛰어나갔는지 묻는 말에는 대답하지 않고 언제나처럼 아버지도 어머니도 싫고 어서 커서 집을 나가 독립하고 싶다는 둥, 오토바이만 있으면 벌써 가출을 했을 것이라는 둥, 돌아가신 할머니가 너무 보고 싶다는 둥 준이를 만난 이후 넉 달 동안 귀에 딱지가 앉도록 들은 이야기를 되풀이했다. 어릴 적 부모님이 이혼한 후에 준이는 할머니의 손에서 자랐다. 할머니가 돌아가신 후에는 아버지와 함께 살기 시작했지만 아버지는 재혼을 했고 새어머니에게 정을 들이지 못한 준이는 겉돌기 시작했다. 장애를 갖고 있는 준이의 살갑지 않은 태도와 여러 가지 소소한 청소년기의 문제아 기질과 반항은 새로운 가족의 평화에 많은 다툼의 불씨를 제공했을 것이다. 부모님의 따뜻하고 무조건적인 사랑에 목말랐지만 늘 텅 빈 집에서 혼자 일어나고 혼자 밥

넌 아름다운 나비야

먹고 혼자 놀아야 하는 일이 많이 힘들었을 것이다. 문제를 일으킬 때에만 바쁜 아버지의 얼굴을 집이나 학교에서 마주할 수 있었다.

"아니, 준아. 오늘 왜 교문 밖으로 뛰어나갔냐고? 그 이유를 좀 말해 줄래?"

"아니, 그 새끼가⋯⋯."

"선생님하고 말할 때는 욕 빼고 얘기하라고 했지. 다시 말해 봐."

"걔가요. 있잖아요. 문재가요. 제가 엎드려서 자고 있는데 종이를 뭉쳐서 자꾸 제 머리를 맞췄어요."

"그래서 너는 뭐라고 했니? 종이 던지지 말라고 말했니?"

"⋯⋯."

안 봐도 비디오다. 아무 말도 못하고 죄 없는 책상에 불쌍한 책을 패대기치다 그 모습을 조롱하는 문재의 비아냥거림을 참지 못해 무작정 뛰쳐나갔을 것이다. 처음 이런 상황에 직면했을 때, 문재에게 준이의 말과 행동이 왜 그런가에 대하여 설명하고 이해를 구했지만 문재의 지능적인 괴롭힘은 증거를 남기지 않고 계속되었다. 그냥 준이를 잘 챙겨 달라고, 좋은 친구가 되어 달라고 부탁하는 길 밖에 아무것도 할 수 있는 일이 없었다. 준이에게도 문재의 장난에 격하게 반응하는 것은 네가 지는 일이니 내려와서 선생님에게 말하고, 그 자리에서는 화를 참아야 한다고 다독일 수밖에 없었다. 준이와 문재의 오랜 악연을 알았지만, 그 사슬을 끊기에는 너무 나약한 나를 숨기기 위해 준이에게 참을성을 강요할 수밖에 없었다. 가르침이라는 이름의 힘으로 녀석을 억압하면서.

미운 정이
더 무섭다

중학교이지만 특수 학급 아이들은 특성상 특수 학급 담당 교사와 하루에 5시간 이상 얼굴을 마주하고 있다. 쉬는 시간에도 교실에서 또래들과 수다를 떨고 장난을 칠 수 없는 아이들은 종소리가 울리기 무섭게 특수 학급으로 달려온다. 물론 선생님이 필요한 순간보다는 그들만의 공간이 필요한 순간이 허다하다. 어쩌면 그들만의 공간인 그곳에 내가 없는 순간이 천국일지도 모르겠다.

늘 도돌이표처럼 반복되는 말썽을 일으키고, 내가 돌아서면 욱해서 욕을 뱉고, 내 귀의 민첩함에 걸려 교실에서, 복도에서 다양한 자세로 벌을 받던 준이. 처음에는 준이의 목소리가 더 크게 메아리를 만들며 억울함을 호소했지만, 어린애처럼 징징대지 말고 당당하게 자신의 입장을 말할 수 있는 사람만이 소리칠 권한이 있다며 더 큰 소리로 윽박질러대는 무식한 선생을 만난 준이의 목소리는 시간이 흐를수록 점점 작아졌다. 준이의 작아지는 소리를 나는 녀석이 점점 철들어 가는 모습으로 받아들였다. 나에게 그렇게

준이는 자신의 흠만 알아보는 무식한 선생의 따가운 시선에 참 많이

아팠을 것이다. 나는 정말 그 녀석을 잃어버린 것일까. 아니다. 나는

내가 알던 예전의 준이는 잃었지만, 더 멋진 준이를 만나게 되었다.

스스로 번데기의 껍질을 찢고 나온 나비처럼 이제 자신을 위해

우아한 비상을 준비하는 새로운 준이를 만나게 된 것이다.

이럴 때 쓰는 멋진 말이 '청출어람'인가.

혼쭐이 나고도 현장 학습을 가거나 용돈이 생기면 캔 커피를 하나 들고 와서 씨~익 웃으며 "선생님, 드세요."하고 건네주었다. 소갈머리 없이 저를 보고 밉다하는 선생에게 커피를 건네며 웃음을 보이는 준이가 점점 진심으로 아프게 다가왔다. 별 할 말도 없으면서 선생님을 찾던 준이는 가끔 나를 '할머니'라고 부르기도 했다.

"할머니가 많이 보고 싶니?"

"네. 전 할머니가 제일 좋아요. 엄마 아빠 다 필요 없어요. 우리 할머니께 효도할 거예요."

준이는 해맑게 대답하곤 했었다. 할머니에 대해 이야기할 때에는 정말 행복해 보였다. 돌아가신 할머니께 효도를 다 하고 싶을 만큼 보고 싶은 할머니가 준이 곁에 좀 더 오래 계셨다면 얼마나 좋을까, 부질없는 생각도 잠시 해 보았다.

폭풍우 같은 전쟁과 봄바람 같은 평화를 주기적으로 맞이하며 2년을 살았다. 2년 뒤, 준이는 문제가 거기 가지 않는다는 이유 하나로 고개 너머 읍내의 고등학교에 무사히 진학했다.

고개 너머 동네에서 뜬금없이 쳐들어 온 미운 오리새끼 같은 준이는 고등학교에 진학한 후에도 복도에서 육두문자를 뱉고, 화장실에 숨어서 모두가 알아볼 수 있을 만큼 뻑뻑대며 담배를 피워 학생과의 단골손님이 되었다. 그렇게 요란스럽게 고등학교 생활을 시작했지만 이제는 그 학교의 선생님들과 어지간히 서로에게 적

너 아름다운 나비야

응했을 것이라고 위안을 삼던 즈음, 준이가 전학을 갔다는 얘기를 들었다. 그렇게나 싫다고 했던, 자신을 낳아 준 엄마와 함께 살기 위해 전학을 갔다는 것이었다. 엄마가 밉고 싫다는 말을 노랫말처럼 달고 다녔지만 촉촉한 눈길을 마주치지 않으려 애쓰는 모습에서 속에 접어 둔 그리움이 읽히곤 했었다.

"준아, 나야. 중학교 때 선생님. 전학 갔다며? 잘 지내니?"

"네. 여기 수원이에요. 친구들 만나서 놀러 가려고 수원역에 있어요. 그리고 저 이제 특수 학급에 안 가요."

"그래. 어디서든 공부 열심히 하고. 엄마 말씀 잘 듣는 착한 아들 되고. 특수 학급에 안 가는 대신 너 스스로 열심히 공부해야 하는 거야. 알았지."

"네."

통화를 끝낸 내 가슴을 찌릿한 통증이 훑고 지나갔다. 준이가 자랑스럽게 큰 소리로 전한 그 말 때문에.

'저 이제 특수 학급에 안 가요.'

아이에게 좋은 말이라고, 아이가 잘 되라고 생각해서 했던 말이 진정 좋은 말이었을까? 말썽을 피우는 아이들에게 타이르는 시끄러운 입이 필요했을까? 아니면 이야기를 들어주는 조용한 귀가 필요했을까? 이길 수도 질 수도 없는 언쟁을, 승자도 패자도 없는 싸움을 나는 오랫동안 했던 것 같다. 더 이상 특수 학급에 가지 않는다는 사실을 큰 목소리로 또박또박 내게 정확하게 전달한 것을 보

벌레 먹은 사과

면 나는 준이의 기억에서 가장 나쁜 이방인이었을 것이다.

나는 또 한 녀석을 잃어버린 것 같다. 준이는 자신의 흠만 알아보는 무식한 선생의 따가운 시선에 참 많이 아팠을 것이다. 나는 정말 그 녀석을 잃어버린 것일까. 아니다. 나는 내가 알던 예전의 준이는 잃었지만, 더 멋진 준이를 만나게 되었다. 스스로 번데기의 껍질을 찢고 나온 나비처럼 이제 자신을 위해 우아한 비상을 준비하는 새로운 준이를 만나게 된 것이다. 이럴 때 쓰는 멋진 말이 '청출어람'인가! 그러고 보니, 준이는 늘 사고를 치면서도 나에게 '존경하는 판사님께'라는 글자를 다시 쓰게 하지 않았다. 그리고 준이는 나에게 듣기의 소중함을, 시시비비를 판단하지 않고 온전한 귀를 내어 줄 수 있는 선생님이 진짜 선생님이라는 사실을 깨닫게 해 주었다. 그런 준이에게 나도 이제 내 마음을 제대로 전해야겠다.
"준아, 사랑한다. 그리고 더 멀리 돌아가지 않고 그 자리에 있어 줘서 고맙다."

사과의 썩은 부분을 도려내듯 내 맘에 들지 않았던 준이의 모습을 고치려고만 했었다. 크고 붉은 사과가 탐나던 날은 내 손에 놓인 흠 있는 사과를 그냥 버리고 싶었다. 그런데 이젠 보인다. 썩은 사과가 간직한 본래의 달콤함이.
"사과가 정말 맛있어요. 고맙게 잘 먹을게요."

넌 아름다운 나비야

"흠 있는 사과를 줘서 미안하지만 우리는 그런 거 줘도 흠이 안 되는 허물없는 사이 같아서요. 흔쾌히 받아줘서 고마워요."

"맛있는 것도 먹고, 좋은 사이임도 확인하고, 고맙다는 인사도 듣고, 이건 일석삼조네요. 벌써 두 개나 깎아 먹었어요. 시원하고 달고 맛있어요."

문자를 주고받았다. 깎아서 버린 것이 반이나 되지만 남은 부분은 세상 그 어떤 맛과도 바꿀 수 없이 달콤한, 벌레 먹은 사과를 입 안 가득 베어 물었다.

"아, 시원해. 뭔 사과가 이렇게 맛있다니? 홍아, 너도 먹어 봐. 진짜 맛있다. 같이 먹다 누가 죽어도 모른다."

"엄마, 아까 먹었잖아. 근데 또 먹어?"

"또 먹어도 맛있다."

아이의 대답도 듣지 않고 상자에서 하나 더 골라 대충 씻어 검고 무른 부분을 동그랗게 도려내고 껍질째 대강대강 썰어 아이 방으로 들어가는 걸음 끝까지 달콤함이 흐른다.

강병철

총각 선생 시절이 엊그제 같은데 30여 년 세월이 쏜살처럼 흘러 이제 초로의 시점에 서 있는 그는 '첫 제자들의 아들·딸'들과 티격태격 중이며 정년 퇴임을 목표로 하고 있다. 지금은 서산 대산고등학교에서 국어 교사로 아이들을 만나고 있다.

강봉구

마흔을 훌쩍 넘긴 나이에 선생님이 되겠다고 교육대학원에 진학했고, 은빛 바다가 보이는 충남 보령의 모교에서 교생 실습까지 마쳤다. '함께 만들어가는 즐거운 책 세상'을 모토로 하는 작은 출판사에서 책과 씨름하는 것과 사람들을 만나서 책 이야기 하는 것을 낙으로 삼고 있다.

김상배

70년대 대학 문학상을 받았지만 젊은 날 그의 몸은 폭풍 음주 체질이었다. 당진 신평고와 공주 영명고를 거쳐 지금은 논산 쎈뽈여고에서 터줏대감으로 자리잡고 있다. 이제는 돌아와 거울 앞에 선 착한 가장으로 자리 잡았으며 제자들과 소통하는 산문을 부지런히 집필 중이다.

김수현

중학교 때 국어 선생님을 좋아했다는 이유로 국어 교사가 되었다. 교사가 된 후에도 주변에 유난히 좋은 국어 선생님이 많아 학교를 옮겨 다닐 때마다 행복했다. 지금은 광주 서광중학교에서 국어 교사로 아이들을 만나고 있다.

김영호

늘 아이들과 스스럼없이 어울려 기꺼이 친구가 되고자 하며, 똑똑하고 잘난 아이들 틈새에 가려진 힘겹고 지친 아이들을 찾아내 작은 버팀목이 되고자 애쓰는 선생님이다. 지금은 대전 보문고등학교에서 국어 교사로 아이들을 만나고 있다.

김현식

100여 그루의 사과나무를 기르고 있다. 수확한 사과의 표정을 보고 어느 나무에서 자란 것인지 알 수 있다는 그는 퇴근하여 해 질 무렵까지 사과밭에서 혼자 일하고 생각하는 시간이 가장 편안하다는 사람이다. 지금은 공주여자고등학교에서 물리 교사로 아이들을 만나고 있다.

김흔정

별명은 왈왈 에너자이저. 불의를 그냥 넘기지 못하는 성미다. 어떤 일이든 거침없이 해결하고 새로운 것에 도전하는 데 곁에 있는 이들을 위해 자신을 기꺼이 나누는 시간은 도대체 어디에서 준비되는 것인지 불가사의다. 지금은 공주정명학교에서 특수교사로 아이들을 만나고 있다.

박미옥

미술반이던 여고 시절에도 시화전마다 액자를 걸면서 가슴 설레던 문학소녀다. 사범대학교 미대생 시절에도 대학 문학상 수필 부문을 수상한 바 있으며 요즘은 '미술심리치료사'로 자칫 균형을 잃기 쉬운 사춘기들의 고뇌를 마주하고 있다.

박일환

얼렁뚱땅 교사의 길로 들어섰다가, 남을 가르치는 일은 아무나 하는 게 아니란 걸 깨닫고 화들짝 놀라 제대로 된 교사의 길을 찾아 더듬거리기 시작했다. 전교조 가입을 이유로 해직되어 길거리 교사가 되어 보기도 했다. 지금은 개웅중학교에서 국어 교사로 아이들과 만나고 있다.

정수희

세상을 바로 볼 수 있는 밝은 눈과, 아닌 것을 아니라 말할 수 있는 입, 상처받은 이를 보듬는 따뜻한 손을 가지기를 바라는 선생님. 새로운 것을 배울 때 눈이 빛나며, 배워서 남 줄 수 있는 직업을 가져 행복한 그는 국어 교사다. 지금은 신가중학교에서 아이들을 만나고 있다.

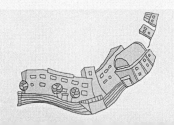

조경선

웃을 때마다 광대뼈가 두드러지고 눈이 큰 배우 신민아를 연상시킨다고 해서 붙은 '2초 신민아, 쉰민아' 등의 별명을 은근히 즐긴다. 매사에 잘 웃고, 감동도 잘하고, 상처도 잘 받는데, 대체로 부드럽고 친절하다. 지금 녹동고등학교에서 국어 교사로 아이들을 만나고 있다.

최교진

사범대생 때부터 아이들을 하늘처럼 섬기고 싶었던 그의 교단 경력은 회갑이 지난 지금까지 달랑 9년뿐이다. 학교에서 세 번 쫓겨났고, 철창 속을 네 번 출입하는 시국의 풍파 탓이다. 30년 세월 내내 담벼락 바깥의 스승으로 사는 바람에 작가의 길도 가지 못했다.

최성수

중·고등학교에서 30년 동안 아이들을 가르치다가 퇴직한 뒤부터는 고향 보리소골에서 얼치기 농사를 지으며 꽃과 나무와 함께 놀고 있다. 땅속으로 스민 물이 어느 곳에선가 다시 솟구쳐 올라 오아시스를 만들듯, 제자들이 세상의 오아시스로 우뚝 서기를 바라는 교사였다.